成长手记系列

U1016772

心灵的养育

李蔚红 著

教育科学出版社
·北 京·

序　言

——心灵的养育就是“启心”

孩子诞生的同时，父母亲也开始了人生的新历程，可以说，父母亲是与孩子一起诞生并成长的。

初为人父人母，没有养育的经验，也缺乏养育的知识与能力，总有一些没有做好的事情，甚至犯下错误；而孩子却匆忙之间就长大了。

我儿子出生没几天，就由于溶血症住院了。出院后他的身体极为羸弱，身上长满了痱子、不时地腹泻，比同龄的孩子都瘦小，只有因为生病和治疗的痛苦而过早懂事的心灵在眼神里闪烁着。我为此深深地痛苦，也坚定着养育的信念。我想，除了尽快地让他的身体强壮起来，还要养育好他的心灵，让他能够战胜各种困难，拥有美好、强大的精神力量。

二十多年过去了，儿子已经长成了一个身体健康、心灵美好的学子，从事着他热爱的物理专业的学习与研究；但是他在生命初期遭受的那些病痛以及我的无知和过错，至今回忆起来依然使我痛苦、懊悔。而唯一使我欣慰的是：我重视了对他心灵的养育。

记得儿子5岁时，我跟他开玩笑，说他有两条命，一条可以坐在家里吃饭、喝水，到阳台上玩拼图、望夜空；另一条可以自由地去穿越历史、周游世界、想象未来，了解更多有趣的事物。

儿子很相信，他把想象与做梦联系到了一起：“我有时候能看到我在天上飞，有时候做梦梦到我在姥姥家。”

每个孩子都有这样两条命，一条是有形的、肉体的，一条是无形的、精神的，他们合在一起，才形成一个完整、丰富的人。所以父母在养育孩子身体的同时，也要注重养育他们的心灵。在儿童发展心理学中，养育孩子的心灵也叫“启心”。

经常有家长问我：“你是怎样引导孩子学习的？”

“我基本上没有管过他在学校的学习，我只教他懂事，懂自己、懂环境、懂别人。教他理解自己的成长与责任，理解父母的疼爱，以及学校与他成长的关系，他就知道自己好好学习了。”我回忆起儿子在小学、中学的经历，他一直对学业充满了兴趣，也总是班里、学校里学习最好的。他主动去学习，并且会想办法学好，因为他知道这是他应该做好，也有能力做好的事情；我只是引导他理解奇异的自然现象，理解人们不同的生活，引导他热爱生活、承担责任、树立正确的人生观。7岁的一天，他读了伦琴和居里夫人的故事，认真地告诉我：“妈妈，我以后也要把自己的发明无偿地让人们使用，不要专利。”

“很好！孩子，那你就要努力学习科学知识，将来有能力去发明人类需要的东西。你对人类作了贡献，一定会得到人们的敬重。这种敬重，会让你的生命更有意义，你也会因此拥有更多的幸福！”

从此以后，这个人生目标就深埋在他心中，一直激励、推动着他，他最后进入北大，选择了物理专业，都与这个目标有关系。这表明他已经能够为了人生目标进行“自我教育”，基本上不需要父母和老师的管理了。

所以，浇树要浇根，父母们养育孩子也要养育根本。

而心灵就是孩子们的根本，他们要靠心灵去理解世界、分辨是非，获得技能、智慧，去感受和适应环境，选择自己的人生道路。心灵不仅在遭遇困境的时候，能够让他们躲避危险，也能够让他们感受到生存的不同，并发现自己的能力、幸运与幸福。

启心是如此重要。让人类逐渐成为地球上最强大生物的，不是庞大的身躯、锋利的牙齿和奔跑的速度，而是我们的大脑，是大脑产生的心灵智慧。苏格拉底得知有人控告并要捉拿他时，对身边的弟子说：“难道我们的思想比军队还强大，使他们这样害怕？”

心灵产生的思想、感情的力量确实经常比军队还要强大，甚至比世界上其他的事物都强大。

人与人之间的不同，基本上在于心灵的不同，心灵让每个人的行为不同，也对别人的行为产生着不同的感受。所以漫长的历史中，有了不同的芸芸众生，既有发现了力学定律的牛顿，也有残害犹太人的希特勒；既有十多年坚持在山区贫困学校为孩子们上课的女老师，也有十几岁就在电梯里随意踢打一个陌生幼儿的女孩……

心灵的养育就是给孩子的生命注入个性与思想感情，让他们了解自己，也了解他人与更广大的事物，拥有美好、强大的精神世界，能够更好地生存。

在做母亲的日日夜夜，我写下了这些手记，记述了儿子从出生到进入小学的一些经历，他的发育、他幼小的需要、他与父母的互相影响以及父母对他懵懂生命的引导和帮助，还有我在养育孩子过程中的无知和错误。这些生活真切、难忘，我从中体验到了很多甘苦，也从中理解着生命的真实存在与意义。在儿子第一次背着他的大书包独自上学那一天，当他走出家门，走下弯弯的楼梯，走到拐角处，走到我看不见了的时候，我觉得心仿佛被掏空了，只剩下一张母亲的壳。我倚在门边，凝望着孩子走去的方向；我站在这里，是孩子童年的屋子和永远的故乡呢。

每一位父母亲的每一个孩子也许都是这样长大的，有着大致相同的经历与规律，愿我的这些手记能够给年轻的父母亲一些帮助，或使儿女已经长大成人的父母深情地回忆起那些与孩子们在一起的岁月。

李蔚红

2014 年 2 月 28 日

目　　录

☆做好孩子出生的准备

1988年6月26日

上午近11点时，我感到一阵腹痛，今天是预产期，孩子大概是要出生了。我把我的感觉告诉了丈夫，他去找来了单位的司机师傅，把我们送到了省立医院。我下了车往妇产科走去，又一阵剧烈的腹痛，我扶住了墙壁。天气很热，阳光把我的手照耀成了金黄色。我还有些头晕，十个月来，妊娠反应一直很严重，我几乎吃不下饭，有时喝一口水都要吐出来，最后这两个月，我脸都很少洗了，因为闻不了肥皂的味道。

我的身体变得很虚弱。这是我的第一个孩子，妊娠反应的痛苦让我曾经想到过死亡，但是母性的本能更为顽强，甚至忘我，我一天天地挺了过来。

等待分娩的孕妇很多，值班的大夫为我做了检查，要我再回家等一等。实在是挺不住沉重的身体，没有力气回家了，我一倾身就躺到了路边的一条石凳上。旁边的一位老妇人关切地说这样会凉着身体，我丈夫便在石凳上铺了一条小被子，并动员我回家去。

晚饭后腹痛更为严重了，司机师傅又把我们送到了医院。我躺在等待生产的床上，感觉肚子疼破了，流了一床的羊水。我爬起来，挣扎到水池边吐出了吃下的一点晚饭，对两个护士说："我渴得不行，能给我点水喝吗？"

两个护士都没有理会。在中国很长的一段历史时期里，许多医护人员对病人是缺乏温情的。最后我看到一位熟悉的医生，他是我丈夫的朋友，他走过来给了我一杯水喝。这一杯水的作用很重大，它是一杯救命之水，使我挺过了最后的炎热与腹痛。

后来我便开始一会儿清醒、一会儿昏迷，接生的医生要我坚持住，不然我的孩子就完了。

在清醒过来的时候我想，让上天保佑我的孩子吧，我已经没有能力做主了。

1988年6月27日

孩子出生时，已经是凌晨一点多了，我像是听到了几声响亮的啼哭，接生的大夫托着孩子在我眼前晃了晃，说是个男孩以后，我就又迷糊了过去。这篇手记是我用心想下来的，而不是当时记下来的。

我醒来时已经是上午了，身体虚弱得没有一点力气，但我的神志清醒了，味觉也神奇地恢复了正常。

小树的爸爸坐在旁边，我有一种经历了艰难历程之后重新开始生活的感觉，还有一种成功的喜悦。我已经把一个孩子平安地带到世间了，他的名字早已经取好，叫小树，因为出生在夏天，我希望他像到处生长的树木，并且成为国家的栋梁。

我就这样成为了真正的母亲，而孩子也是一个重新生长的我，他与我已经有了永远割不断的联系。

小树妈妈与家长们分享

做母亲的要经历十个月的怀孕，然后分娩，才能把孩子带到人世间。

由于无知，我在怀孕、分娩时经历了过多身心的痛苦，好在孩子顺利、平安地降生了。

所以，已经开始孕育孩子的父母一定要做好孩子出生前的一些准备。

一、读几本科学孕育的图书，向家中的老人学习一些经验。

二、在孕期，母亲要平衡饮食、避免剧烈活动，更要心情安宁、温和、快乐。父母都要满怀爱心深意地陪伴胎儿、期待着他降临人世。父亲要定期陪伴妻子去医院检查胎儿的发育情况，并且在分娩前几天，提前联系医院妇产科，找一个熟悉或者具体分管的大夫，记下他/她的联系方式，一旦出现危急情况，能够及时处理。

三、了解一些胎儿孕育中可能出现的问题，如脐带绕颈、胎位不正、吸入羊水，等等。

多做一份准备，孕育过程就会更为顺利、平安。

人类的分娩大多是在深夜里，这是人类长期进化形成的保护机制，因为早期的人类周围有很多捕食的动物，深夜里分娩，母亲与孩子能更为安全一些。为了孩子的平安出生，所有的动物都竭尽所能：鸟儿把受精卵变成了蛋，一些鱼儿千万里地返回出生的河流，食草动物的幼崽刚出生就能够站立、赶路。

孩子平安降生，随之而来的就是哺乳、看护等问题了。

☆无条件地爱孩子

1988年7月1日

小树出生的第四天，他爸爸把我们从医院接回了家。小树已经能够睁开眼睛，不时地露出笑容了，他的脸上还有两只小酒窝。他躺在我的身边，像是从我的生命里分出来的一支。我看着他很小很小的样子，想着我与他的关系，想着一个小生命为家庭带来的新鲜和意义。他的手上还系着一块布条，上面写着我的名字。

但又一个早晨来临的时候，他的呼吸却有些急促，身上黄染，爸爸和姥姥抱他去了医院，经过检查，确诊为新生儿溶血症。这是我一点都不了解的一种疾病。

1988年7月12日

这是一段极度痛苦、忧郁的日子，一个新生的几乎是我用生命换来的孩子被带走了，他还能再回到我的怀中吗？我用手臂支撑着身体，每天向着医院的方向，对着天空和不时的雷雨祈祷：用我的生命来换一个刚刚出生的小生命吧，如果他离开母亲不能独自存活，就让我失去涌泪的眼睛、行走的双腿……

小树住院后的第七天，我去医院看他，透过隔离室的玻璃窗户，我看到一排玻璃恒温箱，每一个里面都有一个身患疾病的婴儿。我的孩子在哪儿？我分辨着。一个穿白衣服的护士一只手臂挟着一个从恒温箱取出的婴儿，另一只手拿着奶瓶喂奶。我的眼泪克制不住地涌流，模糊了视线。

1988 年7月22日

小树以顽强的生命力重回到了我的身边，但炎热与病痛一起脱去了他身上的一层皮。

这一天是一个最为美好、幸福的节日，我的目光所到之处都充满了欢乐。我虔诚地体悟着母性和生命的经历，但是我的右臂因长时间支撑身体而麻痹了。

小树也变得如此懂事，他转着眼睛看着家里的物品，眼神中有着迷惑和好奇。他身上长满了痱子，从额头、前胸、后背一直到小臂，一层没好又起了一层，皮肤的表面布满了红色、白色的痱子疙瘩，但他很少哭。他的两只脚后跟都包裹着纱布，这是在医院里打针或者不适时，因为双腿乱蹬而蹭掉了一层外皮。

1988 年12月26日

养育一个孩子长大成人的不只是乳汁，还有母亲的整个身心。

受过苦难的母亲和孩子也必有深沉的幸福。

小树4个月了，他会把放在跟前的食物抓起来，塞进嘴里了。他还真正会喊妈妈了，喊得很清晰。前几天，他还喊出了爸爸。报社里的一位伯伯怎么也不相信，他带了老伴前来证实。他们让我和小树的爸爸从另外一个房间里分别走到小树面前，他们听到小树准确地喊出了“妈妈”“爸爸”。

这个月小树还学会了小猫叫，把一只玩具猫放到他面前，捏一下他的小鼻子，他就发出“咪喔——咪喔——”的声音。他还长出了第一颗牙齿。只是不知道为什么，我有好几次听到他像是在叹气，这是一件让我心颤的事情。

小树妈妈与家长们分享

新生儿一般都是正常的，但也有个别孩子会有一些问题，比如在分娩中受了伤，或者带有一些先天的疾病。孩子是无辜的，既然生下了他们，父母就要无条件地爱他们、养育他们。

在济南儿童福利院，我看到过一些唇裂、脑发育不全、有先天性心脏病的幼儿，他们都被亲生父母抛弃了。我抱起身边的一个唇裂幼儿时，十几个幼儿一齐围了上来，急切地呼喊着："阿姨，抱抱我，抱抱我！"

那一声声急切的呼喊使我流下了眼泪。这些被抛弃的孩子是多么需要温暖的怀抱和爱抚，而这本应该是父母给予他们的，是他们应享有的最基本的权利。

所以，无论父母正在面临着什么困境、遭受着什么不幸，无论孩子有多么严重的先天残疾，都不要抛弃他们，把他们抱在怀里，一天天地养育下去，只要用心，他们都会创造出成长的奇迹。

南京被活活饿死的两女童的母亲乐燕，在审判中辩解说："一个从小没有得到过爱的人，怎么知道去爱别人、爱孩子呢？"当年未婚的父母生下她以后，就因为没有能力抚养而遗弃了她。她以自己的经历提出了一个生而不养的社会问题，这个问题应当引起所有为人父母者的深思和全社会的关注。

孩子的安宁与快乐，☆只有父母能够给予

1989年3月5日

做母亲是很操劳、辛苦的，从孕育孩子那天起，她就不再是她自己了，而是两个生命的合体，并且要把这负载一直承担到生命的结束。

小树腹泻，服了药睡下已经是深夜了。我起来去厨房洗一大盆尿布与衣服。水很凉，凉得刺手，腰与胳膊都酸疼着，心也为孩子生病而很疼很疼的。

今天我还收到了一封约稿信，而我的写作已经搁下两年了，心灵里仿佛一时间伸出了好几只争夺的手。一只要我全心地照料孩子；一只要我减少负载健康自在；还有一只荣誉的手要我珍惜才华、继续写作……我一遍遍地冲洗着尿布、衣服，期望着孩子尽快地成长。

我还期望他在成长中能够感受到母亲的苦心，而我也应该感受到拥有一个孩子多么好，而没有负载的人生又怎么会有成果？

我擦净手坐到小树的身边，久久地看着他因为母亲的守护而安睡的脸。生命总是要新老代谢的，一代代人都是这样。这就是生命存在的自然意义与社会意义，也就是做母亲的意义。

1990年12月12日

繁忙的工作经常迫使父母放下孩子，被放下的孩子便不得不在与父母分

离了的环境里经过多次啼哭，然后才转为适应。在不知不觉中，无能为力的想念与挫伤便留在了孩子小小的心灵里，一次次地成为一种人生的缺憾。

来复旦大学研究生院学习以后，我几乎每个月都要回家一次，因为想念孩子。我在周末从学校赶到火车站，在拥挤的买票处买上最便宜的硬座车票，便开始了17个小时的回家路程。我把小树放在父母家里，我的心急切地想看到他。在同学当中，我是逃课最多的，对一些没有用处的课目的反感与我对孩子的思念双重作用着，使我不能严格地遵守学校的纪律，我要用生命和时间做最重要的事情，而不是去争取几个分数。我相信我最好的成绩不在这里，需要改革的大学教育也已经考不出最优秀学生的成绩来了。

回来看孩子我是那么急切、喜悦，离别孩子时我却迟缓、沉重着，情绪的反复折磨着我，也伤害着敏感的孩子，已经两岁多了的小树跟我说："妈妈，抱我回济南吧。"他还没有去过上海，只是想回到他原来在济南时生活在爸爸妈妈身边的生活。他的语气里有一种催人泪下的哀求，我克制着心里的痛苦，但姥姥哭了，她在年轻的时候，也经历过与孩子痛苦无奈的分离。

小树问："姥姥，你怎么哭了？"

"我没有哭。"姥姥抹着泪水说。

小树便说："你怎么流眼泪了，是不是打哈欠打的？"有一次，在他打哈欠的时候，他曾经问我，不哭为什么也会流眼泪，我告诉他有时候打哈欠也能打下眼泪来。

1990年12月18日

学习疲惫了的时候，我经常坐在宿舍楼旁边低矮的香樟树下，望着遥远的北方想念孩子。想念孩子能把一位母亲的心想碎、想瘦，家里的一封信、一个电话，都让我回味好久。母亲寄来了小树的照片，我感到孩子也瘦了，小小的神情里似乎有了不可排解的迷茫。他还太小，太需要与父母亲在一起，他心里的安宁与快乐只有父母亲能够给予。父亲在信里说：“小树总让我们给你打电话、写信，今天他干脆说自己写信吧。他问我们要了一支笔、一张稿纸，模仿着大人的样子，用笔在稿纸的每一个格子里都画上笔迹，写完了以后说：‘给我妈妈寄去吧。’”

父亲把两岁的儿子伏在小桌上写下的这封信寄给了我，我捧着它理解着，密密麻麻的像蚂蚁一样的符号除我以外不会再有人懂得：它写满了一个孩子对母亲的需要与思念。泪水流满了我的脸，打湿了这封信。

这应该是世界上最小的孩子写的一封信吧！

大人们千万不要小看了小小的孩子，他们幼小的心灵已经懂得了很多事物的性质与联系，只是他们还没有能力来表述，他们还不能主宰大人而要靠大人主宰、安排和给予。

小树妈妈与家长们分享

孩子幼小的时候，他们的需求并不多，只要是衣食丰足，能够与自己的父母在一起，世界就是安全、温暖和美好的了。

而他们的这基本的需求，也只有父母亲能够给予。

自然，有一些父母亲，也给予了他们孩子特殊的爱与付出，这些父母亲具有惊天地、泣鬼神的力量，甚至可以说是伟大的。

台湾的一位母亲，在发现了孩子患有自闭症以后，辞去了工作，背着孩子辗转了6个国家求医治疗。这个孩子后来以优秀的成绩从美国宾夕法尼亚大学毕业，做了律师。

美国一个16岁的男孩尼克，被确诊为肾衰。他的父亲让大夫切下了自己的左肾，为孩子换上，然后再恳求大夫切下自己的右肾……

人世间，那些至深的爱情、友情，奉献、牺牲，都是由亲情衍生而来的。而亲情是由生物的繁衍性产生的，我们也称繁衍性为母性，是母性带来了生息不止的人类生命景象。不仅女人身上具有母性，男人的身上也具有，母亲只是母性的代表与象征。

孩子是什么？他们其实是绵延着的生命行列里，继续生存下去的父母自己呢！所以养育孩子，为他们的成长付出、劳累着的父母亲，心里是充实、高兴的，他们从中看到了光明与希望！

☆引导孩子观察身边的事物

1990 年 3 月 26 日

寒流来了，春天重又变得跟冬天一样，天空灰暗阴沉，不时地有湿雨落下。小树好几天没有出门了，他趴在窗户上往外看。我跟他说："太阳出来才能出去玩，你看，小鸟都不出去玩了。"

他便朝着外面喊："小鸟，快出来吧！"喊完了又自言自语："小鸟被云彩挡住了，太阳也不出来。"

吃完早饭，小树不出声地端起他的碗往厨房走去。

我问他："你干什么？"

他一本正经地说："收拾碗。"

在这之前，他还问保姆秀云："阿姨，你吃饱了没有？"

收拾完碗，小树背靠在床上，一手扶着床头，俨然一个小大人。

下面的这个事情是小树的爸爸写到我的手记里的：

晚上快 10 点的时候，我坐在写字台前准备写东西，小树过来了，蔚红刚给他洗过了脸，我给他梳了梳头，他显得很干净，头发特别整齐，很像个长大了的孩子。小树站在我的椅子旁边跟我玩，保姆秀云怕耽误我写东西，要把他抱过去。我说："叫他在这儿玩会吧。"

是的，叫他在爸爸的身边玩会吧，他愿意跟爸爸玩，我也那么爱他。我抚摸着他的头发，充满了深情。上午的时候，我抱着他玩，他骑在我的腿上，突然问我："什么爸爸？"

我说："小树的爸爸。"

他还是问："什么爸爸？是什么爸爸？"

我突然想到，他大概是想让我说出一个特点来，于是我便说："大胡子爸爸。"

听到这个答复，他高兴地笑了，摸着我的胡子说："大胡子爸爸，大胡子爸爸。"

我知道这个答复是他所满意的了。我想他之所以提出这个问题，大概是他经常听的那些故事里面有"长尾巴的大灰狼""猎人爷爷"之类的特征性称谓的缘故。这很让我吃惊，他仅仅是一岁零几个月的孩子，居然企图把握爸爸的特征，而且几乎成功了。

此后，他一直叫我大胡子爸爸。

上午的这件事情，已经叫我吃惊，但更令我震惊的还是接下来发生的事情：我拿起我的借书证，上面有我的照片。我问他："这是谁？"

他说："大胡子爸爸。"

我又拿起他妈妈的借书证问："这是谁？"

他说："妈妈。"

我又问："什么妈妈？"

他说："小树的妈妈。"

我说："你看妈妈有什么特点？"

这话刚一问出，我自己先笑起来，这么个小孩子，他怎么能懂"特点"这个词的含义呢？我正想改口再问，但他却做出了回答："戴眼镜的妈妈。"

噢，"戴眼镜的妈妈"。我的孩子啊，他居然懂得"特点"这个词的含义，因为并没有人教过他啊！他还居然把握住了妈妈的特点，而且这么准确！我激动地把他抱在怀里，叫他妈妈过来，告诉她这一切。

我的才不到两岁的孩子呀，我的非同寻常的孩子啊，你真是个天才！

爸爸爱你，爸爸愿意为你做任何事情。

小树妈妈与家长们分享

0～6 岁的孩子，开始了他们身心的第一个快速发育时期。

在这个时期，他们的感觉器官接受着身边环境的各种信息，与脑神经互相作用着，一天天地增长着智力。

观察事物是孩子认识事物、形成智力的基础。刚刚出生几个月的婴儿，就能够听到不同的声音、看到不同的色彩、分辨出不同的家庭成员来了。

所以，在孩子的这个身心快速发育的时期，要尽可能地丰富他们的生活，耐心地为他们讲解事物，引导他们观察身边事物的特点。

我经常在公园里、地铁上、小区的街头，看到一些带着孩子的父母，不时地回答着孩子的疑问，为他们讲解着看到的一些景物，这都会丰富孩子的生活，增加他们对事物的认知。

薛定谔的父亲是一位生物学家，幼年时，父亲经常把他领到植物园和实验室里，让他观察不同的植物并且分析它们的特点。薛定谔后来成了著名的物理学家，并且获得了诺贝尔物理学奖，但他同时也写了一本对生物学很有影响的著作《生命是什么》。

孩子的感官与心灵都对世界敞开着，能够引导他们一点点地去认知，是我们的责任，也是荣幸呢！

☆认识常用字，早开始阅读

1990年4月2日

小树一岁九个月了。他今天学会了读：

大胡子爸爸

小树吃饭

小狗吃骨头

我住在济南

……

这些简单的生活词语容易认，也容易记，与他的生活也有关系。

他认识的字有：大、小、人、中、了、天、土、月、水、火、山、木、牛、马、不、虎、年、头、狗、猫、鸡、蛋、兔、胡子、儿、米、的、地、你、我、他、自己……这是些最基本的常用字，认识了它们，他就可以自己阅读一些简单的图书了。而能够进行阅读，就像掌握了一种了解生活的工具，或者是打开神秘世界的钥匙，他的知识、能力就会很快地提高。并且学会了这些基本的汉字，也增加了他的生活乐趣。他会主动去翻阅家里的图书，我们外出的时候，看到商店、路牌，他都会大声地读出来，他为自己能认识它们而高兴，为自己能力的增长而喜悦。

除了读字词，他还喜欢写下学到的字词，他把它们写到地上、墙上、爸爸的桌子上，甚至床单、被面上，一切可以写的地方他都往上写。他使用的是绘画的彩笔，所以放眼望去，家里到处是“猫”“狗”“老虎”“鸡”“鸭”“猪”“兔”“大坏蛋”等这些花花绿绿的字迹。我也没有限制他，因为一个小孩子写下的稚拙的字词，在我看来，是很好的一幅幅图画呢。有时候，我也忍不住往上写几个字词教他认识。我还拍下了一面墙上的字词图画，看到它，我就想起了孩子启蒙时的一些情景。

小树妈妈与家长们分享

一位幼儿的母亲很高兴地告诉我，她两岁半的孩子已经能背《三字经》《百家姓》了。

我说："你孩子可能记忆力很好，但你最好别让他背一些还不能理解的东西，这是机械记忆，可以让他背一些能增长他认知能力的东西。"

"这是国学教育啊！"这位母亲不理解。

"国学的一些经典很好，但可以在孩子稍大些再让他接受。你可以教他认识一些常用的字词，引导他自己去阅读，也可以多给他讲一些童话、简单的诗词，不一定非要孩子去背，只要他有兴趣，能懂得就很好，理解是最重要的。"我为她介绍我带儿子时的一点经验。

几年以后，我又跟这位母亲聊孩子，她说孩子两岁多时背过的那些东西早都忘记了。

这倒不是她的孩子没有记住那些背过的东西，而是儿童在两岁左右有个记忆的更替时期，他们会清除掉大脑中那些不能理解的东西。

☆耐心纠正孩子的不妥当行为

1990年6月28日

今天在草地上，院里的几个孩子聚在一起玩，小树不让别的孩子动他的玩具，我把他采的毛毛草给一个叫旭旭的女孩玩，他上前去拿了回来。我跟他说小朋友要互相交换玩具、分享食物，他不很理解，还是不让旭旭玩。

我边哄着旭旭，边对小树说："你想玩旭旭玩具的时候，她不是都给你吗？她让你玩她的玩具，你很高兴，现在她要玩你的玩具，你也要让她玩，让她高兴，好朋友就要这样。你想想，是小朋友都不让别人玩自己的玩具好，还是有了好玩具大家一起玩好？你要是再不让小朋友玩你的玩具，小朋友也就会不让你玩了。我也就不喜欢你了。"

小树好像明白了，一面笑一面跟我说："喜欢她，喜欢她。"并且友好地把毛毛草送给了旭旭。

小孩子还很无知，他们需要成人不时地对他们解释一些事情、帮助他们纠正一些行为。这真是很需要耐心的。晚上我让小树到澡盆里为他洗澡，他很喜欢玩水，便用一个小火车的车厢不时地舀澡盆里的水喝。水已经脏了，还漂着些肥皂泡，我很怕他喝坏肚子，跟他说水脏不能喝，但他还是不停地喝，我忍不住在他的手背上打了两下。一会儿，他又喝起来。我只好夺下他的小火车车厢来。他不能舀盆里的水喝了，便哭起来。

"你洗完澡，上床去，我给你讲孙悟空的故事。"我哄他说。

他的注意力转移了，不哭了。《西游记》里面孙悟空的故事是他最喜欢听的，我讲多少他也听不够。

1990年12月13日

有好长时间没有记小树成长日记了，我从九月份又去了复旦大学学习，把小树送到了姥姥家。

几个月不见，他就成长了很多，似乎变成了另一个孩子。他精力充沛，一天到晚忙活着他的玩具，一天平均睡不上八个小时。

11月23日，我从胶东姥姥家接他回了济南。他这些日子可能在姥姥家过得不很舒服，因为姨姨和她的儿子胖嘟嘟也在姥姥家。他觉得胖嘟嘟有妈妈在身边爱护着，姨姨对胖嘟嘟比对他更关爱，姥姥也不是他自己的了，而他的妈妈不在身边，胖嘟嘟整天被他妈妈抱着拍呀哄呀的，他受到了冷落。所以回来以后，他不时地倾诉说："姨姨闹别扭。"

回到自己的家里，他大显神通，中午从不睡觉，自己在地下玩，孤独了就上床要我跟他玩。每天晚上他也入睡晚，给他讲故事越听越精神。我知道在农村里，一些不理解孩子行为而总是按成人标准要求孩子的父母，这时候就会打孩子，但按成人的标准要求小孩子却是多么不公平啊！

小树这个时期有个不良的行为就是摔杯子，连续摔了四五个了。爸爸批评他，我还打过他两下，他就说："小树犯错误了。小树亲亲妈妈。"

我只好耐心地问他："你为什么摔杯子？你看一个好杯子，是能盛水喝的，你摔碎了它，一片一片的，还怎么盛水？"

"我就是想看看它有多少片。"他的想法并不坏，他不觉得这是破坏。他是想研究一个杯子由整体化为部分的过程。

"那它们都是花钱买的，你摔了，没有喝水的了，要再花钱买呢。"

"那我不摔了。"这个理由说服了他。

小孩子想问题、做事情是与成人不一样的，他们还很少是非、好坏概念，但你也总能找到一个理由或者方式打动他。

早晨小树醒来后，总是要我讲故事。有一次我说："你讲一个吧。"

他却说："我小，你长大了，你讲。"
他总能想出合适的理由来。
我给他梳头发，他说："俺小，不用梳。"
有一些理由完全是他自己的逻辑。

小树妈妈与家长们分享

一个两岁的幼儿是只有一些本能需要的，他们还不了解生活的规则，所以他们的行为大都是无知而随性的。

小孩子想问题、做事情也总是与成人不一样，他们还很少是非、好坏观念。

所以，在幼儿时期，父母要耐心地、点点滴滴地为他们讲解一件件事物，增加他们的认知，不要用成人的标准要求他们，尤其不要用对错、好坏的观念来判断他们的行为。

曾经有一位四岁男孩的母亲对我说："我的孩子太任性了！"

这位母亲对一个四岁的小孩子下了"任性"的定义。其实这个年龄的小孩子还完全没有自主的能力，他即使已经有了一些任性的行为，也一定是基因的遗传，或者是身边的人为他养成的。

所以在幼儿时期，当孩子有些不妥当行为时，父母首先要找自己与家庭环境的原因，并且开始耐心地为孩子讲解事物。当小孩子逐渐地有了正确的认知以后，他们就会有良好的行为了。这就像使用筷子一样，不能责怪一个小孩子不会用筷子，把饭菜弄到了身上、地上，而要先教他们正确的使用方法，并且给予他们熟练掌握的时间。

在孩子执着于不妥当的行为时，只要用心，家长也总能找到一个理由或者方式打动他们，在孩子哭闹、一时不能说服的时候，可以转移他们的注意力，这个方法很有效。

☆家庭是孩子最重要的成长环境

1990年12月16日

爸爸问小树："你长大了想干什么？"

小树："长大了抽烟。"

"你为什么抽烟？"爸爸不解地问。

"像爸爸那样抽烟、编报纸。"小孩子是很受成人环境影响的，小树认为他长大了，就是像爸爸这样的成人了，所以也要像爸爸一样抽烟、编报纸。

1990年12月17日

连续几天阴冷，好像是要下雪了。小树在家里不能出去很憋闷，我说没有太阳不出去玩了。过了一会儿，他突然看到窗外有太阳金黄的光线了，就喊："妈妈，出去玩吧，出太阳了。"

他很高兴地期待着我答应他一起出去，但是一会儿，外面的太阳光线又消失了。

"太阳已经落山了，要黑天了，咱不出去玩了。"我看着窗外说。

小树却说："我们出去玩吧，到草地那里，那里的太阳没有落山，又红又圆。"他想象着，一边说一边做着手势。他以为这边看到的太阳落山了，而草地那边的太阳是没有落山的。

"好吧，你穿上外衣，我们去草地那边。"我答应了他，带他去看看草地那边的太阳。

我们到了立交桥的草地那里，虽然没有看到又红又圆的太阳，但是任何天气出来，孩子都是快乐的。我们看了一会儿冬天的暮色，在冬青树旁边捉了一会儿迷藏，直到外面人很少了，才高兴地回家。

小树先上了楼，我与一位熟人在说话，他趴到楼窗那里喊我："妈妈，你怎么不上来，下边冷。"

我赶紧上楼。我们开灯、做晚饭，家里立时温暖、明亮起来。

"妈妈，你给我剪剪肉刺吧，我疼啊。"他把手指伸给我看。

我帮他剪着小手指上的肉刺："你别再用手掏炉灰了，掏炉灰手就容易起刺，还有你动炉灰时，炉灰不高兴，它们说要迷你的眼睛。"我们住的报社这幢旧楼没有暖气，冬天要烧一个蜂窝煤炉子，小树总是好奇：从上面放进去黑色的煤怎么下面就出来白色的灰了？他便经常伸手去掏里面的炉灰。

我这样说，他当真了，凑到炉子跟前说："炉灰没有嘴巴呀，它们怎么说话？"

"我是给你讲童话故事呢，童话故事里的大树、房子，不都会说话吗？它们的话，其实都是人合理地想象出来的，是人在替他们说话。我也是在替炉灰说话呢，因为你老用手去掏，那些很热的炉灰就可能烫着你，那些散开的炉灰就可能迷你的眼睛。"

"我不掏炉灰了。"小树明白了。

小树妈妈与家长们分享

家庭其实是为养育孩子而建立的，就是爱情、婚姻也是因为繁衍、护种的需要而形成的。我在《母性》里详细地讲述过这些。

所以，父母要尽可能地为孩子的成长营造良好的家庭“硬环境”和“软环境”。硬环境是指家庭中的用品、摆设，软环境是指家庭里人的言行、气氛，它们都要尽可能地安全、温暖、舒适、美好，适合小孩子身心的成长。在孩子的逐渐成长中，还要在家庭中给他们相应的一个学习空间。

小孩子也都是模仿着家人成长的，就像小树看到爸爸每天抽烟，说他长大了也要抽烟一样。有些父母吵架、酗酒、有婚外情、赌博，也会影响到孩子。

而父母的婚外情、离异，是最伤害孩子的，它们为孩子造成的创伤甚至一生都难以恢复。

☆用故事来讲述知识与感情

1991年2月5日

温暖、宁静的黄昏，炉子上的水滋滋地开着，电灯刚刚拉亮，照耀着冬日的暮色。

我和小树躺在床上说童话：“小树，兔小小和兔大大睡觉吧。”

几乎每天，只要有一点安静与悠闲，我都会给小树讲故事，讲动物神奇的能力、不同动物间的弱肉强食，讲人的善、恶、是、非，人的贫穷、勇敢与财富……

人类的那些来自于生活的各种故事，滋养着小树的心灵，让他的心灵丰富和成长着。

我童年时也听过、读过很多童话、神话故事，它们至今还影响着我。我把这些影响也传递给了小树。

“妈妈你怎么不小啊？”小树问我。他很希望我也是一个跟他差不多的小孩子呢。

“妈妈长大了，已经开始变老了。妈妈要干活，大人就是要养活小孩子的。人老了，是很希望再变小的，而小的时候，就希望快快地长大。”我说。

小树抚摸着我的脸，他不愿意妈妈变老：“妈妈，你别再干活了。不干活，就不会变老了。”

“我不干活让谁干啊？”

“让爸爸干。”

“那爸爸也老了。”

"让姥爷干，姥爷就光干活。"他说着他看到的现象。

"姥爷更老了，头发都白了，不能让他干很多活了。"

"叫姥姥干。"小树说着家里的一个个人。

"姥姥跟姥爷一样老，她脸上都长皱纹了呢。"

"姥姥总抱着我出去玩，就健康。"这可能是我对母亲经常说的话，小树记住了。

我忍不住笑，小树却又想起了什么："我祝姥姥、姥爷万事如意。"但他这样说了，知道这是一句祝福的好话，却并不知道具体的意思，"万事如意是什么意思？"

我给他讲解："就是什么事情都好、都满意的意思，身体也好，心情也好，全家里的人都好。"

"我祝姥爷、姥姥身体健康、万事如意。"他重复着。他对两个老人很有感情。

1991年2月6日

小树爸爸回家问起昨天的事，我跟他说了小树不让我干活，不想让我变老的事情。

小树坐在床上喊我："妈妈，你别干活了。打电话叫姥姥回来吧。"

我问他："让姥姥回来干什么？"

他说："让她回来看妈妈、看我，看爸爸。"

爸爸说："小树对姥姥很有感情啊。"

我接过来说："他小时候在姥爷姥姥身边生活过，姥爷姥姥养育过他呢。小树，咱去把姥爷姥姥接回来吧。"

小树却不说话。

"你昨天不是还要我带你去姥姥姥爷家吗？"我不解地问他。

“我在那里光想妈妈。”他低声说着。曾经有过的生活经历已经使他的心理复杂起来了，他很想去看姥爷姥姥，又想起了留在那里时想念爸爸妈妈的难过心情。

小树妈妈与家长们分享

孩子们都喜欢听故事，用故事来为他们讲述知识、感情是很好的方式。可以说，那些好故事都是滋养孩子精神的食粮。

获得了诺贝尔文学奖的莫言，他的童年是在贫困的山东农村度过的，父母能够讲给他的只是一些民间故事，如刘备与曹操争天下、梁山泊一百单八将、游击队高粱地里打鬼子等，但就是这些简朴、生动的故事滋养了他，丰富了他的人生，让他后来写出了《红高粱》等作品。

北京的一位母亲却忽视了这个问题，她说儿子上小学以前，她很少为他讲故事，上学后，儿子一回到家里就是看电视。到了初中，这个养育的缺陷就显露了出来，同龄人知道的很多人文知识，她的孩子却不知道，他的头脑里只有一些简单的动画片。有一天，这个孩子哭着回了家，他问母亲：“同学们都知道《狼和小羊》《汤姆·索亚历险记》，还有《渔夫与金鱼》这些故事，我怎么就不知道？”

“孩子的话让我后悔极了！”这位母亲说。

在孩子还不能自己阅读的幼年，家长一定要抽出时间多为他们讲故事，用人类的那些最美好、智慧的故事来哺育他们的心灵，而不要荒芜了他们的心灵。

☆培养孩子的自控力

1991年2月8日

小孩子的忍耐力是很有限的，他们渴了、饿了、倦了，就想喝水、吃饭、睡觉，身上哪儿不舒服了，就会说出来，难过了，就会哭泣，这也是他们正常的需要。

只是父母以及环境，总是不能立即或者完全满足他们的需要。因为生活是有秩序、有因果的，还需要考虑一些大的、长远的需要，而控制一些小的、暂时的需要，就像为了家里的干净，我们不得不控制大小便，不能在床上、地上到处大小便，而要集中去厕所一样。

为小树买了一盒巧克力豆，他打开吃了十来颗，我对他说："就吃这些吧，里面那些留起来，等姥爷来了再吃，也让姥爷尝尝。"

小树便不吃了，但他心里一直惦记着，到了下午，他突然问我："姥爷在哪儿？姥爷怎么还不来？"

"姥爷说这两天要来济南出差，顺便来看我们。"

我到厨房做晚饭时，他又过去说："妈妈，你变个姥爷吧。"

"妈妈不会变姥爷。"我以为他想到了《西游记》这些神话故事。

一会儿，他又去找爸爸："爸爸，你变个姥爷吧。"

晚饭后，他又重复着要我们变姥爷的话题。我和他爸爸说不能变姥爷，他便寻思其他能变姥爷的办法。

他在想什么？我好像明白了，他大概是想变出个姥爷来，他就可以再吃巧克力豆了，因为我上午说姥爷来了他就可以再吃了。

“你怎么老想着变个姥爷呢？”我问他。

“姥爷来了，我就能吃巧克力豆了。”他告诉我。

“你真是个聪明的孩子！”我夸他。

小树妈妈与家长们分享

美国斯坦福大学的沃尔特·米歇尔曾经以4～5岁的孩子为对象，做过一次著名的糖果实验：

孩子们被分别安排坐在放好糖果的桌子前，实验人员告诉孩子们他要出去，15分钟之后才能回来。

“你随时都可以把糖吃掉，但如果你能在老师回来前忍住没吃糖的话，那么我会再奖励你一颗糖。”

从这个实验可以看出，每个孩子的自控力对“延迟满足”会有多大的作用。

这里的延迟满足，是指“为了更多的东西而克服自己眼前的欲望，以及为了达到目的可以忍耐一定的时间”。

自我控制力较弱的孩子等不了15分钟，甚至在老师刚刚走出房门后就急着把糖吃掉了。

自我控制力强的孩子能忍耐超过15分钟，从而得到第二颗糖。

20年以后，米歇尔追踪、研究那些当时自控力好的孩子与自控力差的孩子，不论是在学习成绩上，还是与同龄人的相处上，甚至在自我成长上，他们都出现了很大的差异。那些自控力好的孩子，他们做事情成功的比率比自控力差的孩子要大。

孩子的自控力也是需要培养的。我有时用童话故事来让小树认识自控力的必要与好处，有时用现实中的情景为他讲解，所以他的自控力从小就比较好。

有一次，我颈椎不好躺在家里，班里有个同学送了他几颗草莓，他一直没有舍得吃，放学回家后拿出来给我吃，那装在塑料袋里的几颗草莓都成了一团红色的果酱。

我永远忘不了这件事情。

☆母亲与孩子分离的痛苦

1991年2月15日

一种深刻、亲密的人生意境：又要去上海学习了，要把小树留在姥姥家。我和他面对着面躺在床上，我用脸亲着他的小脸，他像是完全能够理解母亲的心情，他伸出他的小手，抚着我的脸，望着我的眼睛说："妈妈，我爱你。妈妈，我爱你。"他一遍遍地说，表达他的爱与需要的感情，他的神情流露出庄严、认真和亲情。

眼泪涌流出来，我回应着，说我是多么爱他："儿子，妈妈更爱你。"

我爱我的孩子，这是今生我最深重的感情。在这个世界上，母子间的感情没有任何感情能够超越。

小树似乎比任何人都懂得感情。

一个小孩子，太懂感情了，就会太脆弱，太容易痛苦。

1991年2月19日

我们一起回小树爸爸的老家。小树见到了猪、狗、鸡等真实的动物，老家里的人为他要了一只小狗，让他给小狗取个名字，他随口说："叫他巴克吧。"他想到一个电视故事里有一只叫巴克的狗。

玲玲姑姑把他抱到了叔叔家。等我去找他时，看到我，他让我紧抱着他："妈妈，我回不去了，你把我抱回去吧！"他到了一个陌生的地方，一个人也不认识，他也不知道应该怎样回到爸爸妈妈的身边。他的眼睛里满是因为陌生产生的恐惧，与亲爱、熟悉的人隔离了，他说："我找不到你了。”

我紧紧地抱着他，告诉他：“不管你到了什么地方，相信爸爸妈妈一定会去找你的。”

1991年3月16日

刚开学不到一个月，我又逃学了。我其实是一个很想学习的、认真的人，但是对孩子的牵挂、思念超过了学业。我要再回家一趟，再看看孩子，然后再回来，我就能够坚持到毕业了。

做了母亲以后，一离开孩子，我便觉得生活的很多内容都空洞了，被隔开了，都不在我心里了，这也可能是我开始衰老了，很需要年轻、活力和欢乐的关系。而离开了孩子，我头脑中总会想象孩子可能遇到的各种危险，也总怕他生病。似乎只有守在孩子的身边，一刻也不离开，我才会安心。

从复旦大学所在的五角场，到火车站要坐一个多小时的公交车；到了火车站，也只能排很长的队买一张站票，然后从夜晚到白天站上12个小时，才能到济南；到济南后，还要再坐近10个小时的长途汽车，才能到父母的家。

这一漫长、艰辛的路途，我却很有动力，不时地想到回家以后孩子高兴的笑脸，我也因此而快乐起来。我的一些有关母亲与孩子的文章，大都是在这些路上边想边写出来的，它们深切的感情没有相同经历的人难以体会。我也开始思考做母亲，甚至女人、雌性生物的最根本性质，它们应该就是“母性”，开始动手写作《母性》。我认为母性是一切生物繁衍生息的根本性，它不仅存在于母亲身上、女人身上，男人的身上也具有母性，雄性生物的身上也具有母性，而母亲只是母性的代表与象征。

曾经困扰着我，让我疑惑、痛苦不堪的爱情、婚姻问题也清晰了起来，并且微不足道了，它们只是为了养育孩子而衍生出来的生存形式而已。

为了孩子，我也变得虔诚，心里有着近似宗教的愿望，我经常对着孩子所在的远方祈祷：保佑我的孩子健康、平安、顺利地成长起来，如果有什么灾难，就只发生在我身上。

自从做了母亲，“平平安安”就成了我心里最重要的词语，孩子能平平安安，也成了我最重要的愿望。

1991年3月22日

我骑上自行车，外出去买东西。小树认为我又要回上海了，朝我伸手哭泣着、喊叫着，他在全力挣扎要拉回自己的妈妈，他要与妈妈在一起。我看着他，这一幕使我永远提醒着自己：做任何事情，都应该考虑到孩子、为了孩子！

晚上临睡前，小树知道我要回上海了，他突然说：“上海有条咬人的狗。”

在我还不解其意时，他接着说：“咬你的腿。”

我还不解，他又说：“妈妈你别去上海了，上海有条咬人的狗。”

我的聪明的孩子、懂事得让人难以置信的孩子，为了留住妈妈不去上海，不离开他，他竟然编出了个吓唬人的故事。

要回学校，又要离开孩子了，看一眼孩子的睡容我就泪眼模糊。小树那么幼小，他最需要妈妈，却没有办法留下妈妈。当他醒来的时候，妈妈已经不在他的身边了，已经走了，他会怎样地望着妈妈和他玩过的玩具、陪他睡过的床，想妈妈和他一起的欢乐、满足，妈妈与他说过的话，妈妈抚摸过的他的脸。

孩子，我已经拖延了好几天了，我必须接受一些长远的生存的制约。如果没有这些制约，我会什么都放弃。

就要走了、出门了，不知是再跟小树说一声好还是不说了好。小树却突然从姥姥的房间走了过来，他扶着我的拉包，挺着他两岁八个月的男孩身躯："你是不是要走了？ 要去上海了？ 你也不跟我说一声。 我去送送你，我拉着包。"

他像是一位想通了的妈妈，强忍自己的难过在宽慰远行的孩子，这就是我小小的儿子。 我真不敢相信，这么自然、从容，这么大度，这么隐忍的话，会是一个小孩子说给远行的母亲的。 我清楚地看到了他的眼圈是红的，因为一瞬间他又恢复了常人的举止，像个普通的孩子一样哭了，忘记了他刚才说过的话，又不让妈妈走了。

他还小，他的理智还管不住他的感情，或者说他还必须服从他幼小的心灵的真实需要，但他刚才的行为却是自然的、天赋的，它们时常在他无意识时表现出来。 他是一个罕见的令人难以置信的孩子，他会成为一个伟大不凡的人。

但儿子，我心里此刻只希望你平平安安，而不是伟大不凡。 我宁可要前者，而舍弃后者。

小树妈妈与家长们分享

每每回想起儿子幼小时，我与他分离的那些情景，还是会涌上眼泪。 它们是我心里永远的痛苦。

深爱孩子的父母亲都会有一些这样的痛苦。

而最痛苦、无奈的也许是小孩子，他们幼小的心灵，需要从父母亲那里获得爱护，在其他人面前，都难以真正地纵情和快乐。 他们也不能理解这种分离，更不能主宰父母。

2014 年，安徽省望江县一位九岁的留守男孩，在放寒假当天，用一根塑料绳，把自己悬在厕所的横梁上自杀了。原因是这一天外婆对他说："你可怜哦，去年你妈妈没回来过年，今年又不回来过年哦！"这个男孩已经有两年没有见到妈妈了，妈妈与爸爸离婚以后，又有了新的家庭，并且一直在外地打工。父亲也从不来看望他，不肯付他抚养费。在需要父母疼爱的年龄，他幼小的心灵里，一定积满了思念与无奈的痛苦，甚至感觉自己被父母抛弃了。

在孩子尚年幼的时候，尽量不要长期地与他们分离，尽量地陪伴在他们身边，让他们能够在需要的时候，一声声地叫着"爸爸，妈妈"，尽情地释放他们成长的情绪。陪伴在孩子的身边，也能够与他们建立起亲密的家庭关系，为他们以后的人生打下基础。

到了十岁以后，孩子过了最需要依赖、亲密的时期，再与孩子分离，孩子的感受就不会那么艰难与痛苦了。

☆第一次走出家庭，进入小社会

1991年5月6日

今天是送小树去幼儿园的第一天。早几天，我就给他讲了一些上幼儿园娃娃的故事。早晨起来，他趴在我的写字桌上不知念了些什么，好像是：“田野受不了了，它低下了头……”

我给他洗了脸，吃了半碗面条，喝了一瓶奶。我担心他刚去，不会自己吃饭。

他先出了门，等待着爸爸妈妈。他今天打扮得很干净、很漂亮。

进了幼儿园，办好了手续，我就把他领向了小班教室。一个稍有点胖的年轻女老师出来把他领了进去，就关上了门，我听到了他在里面的哭声，推开门想再跟他解释一下，但女老师说：“孩子都得哭几天，你别进去，进去他更不好哄了。”

她把我挡在了门外，门关在了我和孩子之间。我在关门的一瞬间看到了小树醒悟了过来的表情，他感觉到了要与妈妈的分离，他在老师的怀里挣扎。我在门外听着他的哭声，那里面是一个完全陌生的环境，没有他熟悉、亲切的妈妈。

在那里面，儿子小小的自由天性，也要开始被严肃地规束了。从此，他将开始进入社会生活，将因为社会的需要而去改变自己，而与亲爱的爸爸妈妈疏远了。

我愣在门外，对于孩子上幼儿园，我还是一位没有经验的母亲。我像是也没有做好准备，我还应该再对儿子叮嘱几句什么呢，告诉他，妈妈下午就会来接他的，会早来接他的。

走出幼儿园的大门，眼泪滚落了下来。我的心有着双重的痛苦，为儿子的不适痛苦，也为作为母亲经历着的这些无知、无奈而痛苦。

儿子，你的每一步成长，都伴随着妈妈疼爱的眼泪。

1991年3月14日

晚饭做好了，三个人坐下。小树坐在饭桌的南端，他小，只能坐小椅子。三个人比赛喝稀饭。

喝了一会儿，小树坐不住了，他还没有坐下独自吃饭的习惯。他坐到了大椅子上，看着爸爸，自言自语着："我长大了就出去，关上门。你在家里，别出去。我再回来看你，你在家里想我……"

他在说着爸爸妈妈曾经把他留在家里，让他产生的一些感觉。他把爸爸妈妈的角色与他的角色调换了一下，从成人的角度来看待着他所经历的事情，也想让爸爸妈妈理解一下他的那些深切的感受。

小树妈妈与家长们分享

初夏的密西西比河岸边，一只只幼鸭会跟随着它们的父母走过河岸，走进河水里。一开始，它们还以家庭为单位，但是很快，它们就汇集到了群体里，家庭的界限就消失了。

人类也是社会性动物，父母也要把孩子领出家门，走进一个个社会团体。在家庭与社会之间，有一道门槛，孩子第一次越过它、走进社会的时候，总会有些不适应，但是越过它，却是生存的必需，因为孩子不可能只是生活在家庭里、父母的庇护下。

在孩子上幼儿园之前，最好能让他们熟悉一下幼儿园环境，并为他们讲讲怎样吃饭、喝水、睡觉，如何与他人交往，有困难怎么办等基本常识，要记下幼儿园的联系电话。

并且，一定要告诉孩子："爸爸妈妈会早来接你的！"

☆在磕磕碰碰中理解身边的人事

1991年7月25日

中午，我很想小睡一会儿。

小树学着用剪指甲刀，他把我的脚剪破了。我假装哭了，他赶紧过来哄我：

“你别哭了，我再也不剪了。”

我原谅了他。但过了一会儿，他又往我的脸上啪啪打了两耳光。

我生气地回手打了他一下，他哭了，小胳膊上有了红红的指印。

我知道我本能的还击一定打疼了他。我又生气又心疼，我还不知道他刚才打我是什么原因呢。

我摸着他的胳膊，他又哭了，说：“我们两个都不爱护。”

“对，对，都不爱护。”我回应他。

“我们两个都不好。”他又说。

“是不是你先不爱护妈妈，妈妈才不爱护你的？”我问他。

他说：“是。”

我摸着他的胳膊，感受着一个三岁孩子的意识与跟母亲的对话。

他有些累了，上床躺下，把头靠近我，一会儿就睡着了。

1991年7月26日

天气依然闷热，今年的夏天似乎又热又长。

到秋天时，小树差不多就适应了，可以正正经经地上幼儿园了。

晚饭后我想出去散步，凉快凉快。小树爸爸让我带孩子去，他留在家里做些家务，我却想全家人一起去。后来我们俩互相妥协了，换上外衣一起去。

小树要骑他的三轮小车子。爸爸为他拿到门外，又转身进去冲洗一根黄瓜。我则刚从厕所里吐了一口痰出来，大脑似乎还不集中，在考虑是不是没有吐进便坑里，容易被踩到。这时候小树却上了车子，并且用脚踩了脚踏板，一下子连人带车子一起从楼梯上翻滚了下去，我看到他后脑朝下压在小车子下面哭叫，堆在楼梯拐角处的几块煤球碰倒了，掉下来碎在他身上。这一刻我自始至终都在眼看着，却没有采取一点有效的行动，一直到小树摔了下去。

我喊着："妈妈在这里，别害怕，别哭。"我这时才冲下去，抱起了他。

小树身上被煤球弄得黑乎乎的，我摸着他的胸口，心咚咚地跳着。我把他抱到家里的床上，他的背上湿乎乎的，我掀起衣服看，不是血，又问他头疼不疼，他说不疼，再看身上，只有几处青伤，我颤颤的心才安定了下来。我摸着他，跟他说着话。他却问我：

"我摔着了，你为什么不哭？"

"我看你没有怎么摔伤，我高兴，就不哭了。"

"你怎么还高兴？"他不解。

我向他解释我的心情："你摔下去了，我很着急心疼，但是最应该做的是看你摔伤了哪里，摔得重不重，看到你没有什么摔伤，我感到很庆幸，也就高兴起来了。"

他又问："爸爸哭不哭？"

"你愿意让爸爸哭还是不哭？"我问他。

"哭。"他说。

“为什么？”我不解。

“为我磕着啊。”

我久久地沉浸在孩子这么准确的心理里。小树真是一个特别懂感情的孩子，总期望着爸爸妈妈的疼爱。

小树妈妈与家长们分享

回忆我跟孩子的成长，真是一路磕磕碰碰、踉踉跄跄的，我没有养育孩子的知识、经验，有过很多失误。这些失误是我人生中最后悔、痛苦的，也是我写这本书的一个重要原因，因为深爱孩子的父母亲，大都是这样在无知中成长的，都有我这样深刻的后悔与痛苦，而传授一些养育的经验、教训，能够使那些年轻的父母亲减少后悔与痛苦。

儿子跟随着我，也是一路磕磕碰碰、踉踉跄跄的，他幼年时几乎每月都生一次病，还严重摔伤过两次，身上有好几处疤痕。

俗话说，孩子是在生病中懂事的。确实，伤痛、病苦时，孩子的心灵会感受得更多、更深，父母的疼爱、其他人的反应、对环境的理解，他们甚至能够由此学会去疼爱父母与对待他人、适应环境的知识与正确态度。

☆种一颗科学的种子

1991年7月18日

我从上海回来后这些日子，天气很热，小树早晨老是磨蹭着不愿意去幼儿园，去的时候还非要我在幼儿园里陪着他才行，我一走，他就哭。有一天他睡醒后突然对爸爸说："我不愿意去也要去啊！"

他的话让我和他爸爸都很心疼。

下午早回了家，他躺在床上，望着外面大雨过后的天空说：

"天空是蓝色的了，原来是绿色的，有时还是黄色的，要不就是黑色的。"他在描述天空不时变化的色彩。他的语言很有韵律、很有逻辑。他很会观察事物。

今天看电视连续剧《张衡的故事》时，他还对爸爸说：

"那个地动仪上面有些龙啊，龙的嘴里有个球，地面一晃动，就从龙的嘴里掉出个球，掉到蛤蟆的嘴里了。"

爸爸问："你知道地动仪是谁做的吗？"

"张衡。他是个科学家，他想知道地震。"他说。

"他是想知道地震发生在哪个方向，有多么严重，然后分析、研究出一些规律来。他是中国的一个了不起的科学家。"爸爸为他解释。

"我知道，他还说地球是圆的，天像鸡蛋壳，包着地球。我看天也是圆的。我也要研究科学。"小树用他的思想、语言理解着张衡的科学知识。

"那我就再给你讲讲张衡的故事。"爸爸找出了一本《辞典》、一本《中国古代的科学发明》，给小树讲起了里面张衡的故事……

一颗科学的种子，就种植到了小树的心里。

我回家后，小树爸爸告诉了我这件事情，我们一起为孩子高兴。小树看《张衡的故事》这么有兴趣，还想当科学家，说明他已经能够完全看懂了。一个三岁的孩子能这样，很令人惊奇和感动。

小树妈妈与家长们分享

孩子的心灵是开启着的，眼睛是灵动的。他们观察到的事物也与成人认识到的不完全相同，如孩子看到公路上奔跑的汽车，可能会感觉它们是动物，而成人则认为它们只是交通工具。

孩子观察、认识事物往往是表面的、以点概全的，他们经常会把一块云彩当成整个的天空，就像小树对爸爸的认识，他只是抓住了一个最主要的特点："大胡子"。

有一次，家里来了一位年轻、时尚的客人，他刚烫了头发，头发在两个鬓角处弯了个卷。儿子走过去，仔细地看这发型，然后问客人："叔叔，你是不是头牛啊？"

孩子对事物的观察与认识有时可能让人啼笑皆非，但他们的感觉与表述往往比成人更生动、形象、有趣。

每个孩子都要经历由表面到内在、由简单到复杂的认知过程。在他们经历着的时候，父母只需要给予他们一些引导，让他们反复、仔细地观察、认识就行，这里没有什么对错、准确不准确的问题。自然，父母也可以跟他们说说自己的观察与认识。

男孩子也会对一些科学发明感兴趣，如火药、威力巨大的武器、飞行器、隐身衣，等等。在他们感兴趣的时候，为他们买几本科普的书，讲几个科学发明的故事，把科学的种子种到他们的心灵里。

☆身体弱小，还没有达标

1992年7月2日

今天接小树时，他交给我一张表，说是老师发的，要带给家长。

我接过来一看，是老师在孩子们升入中班前给各位家长的幼儿情况汇报表。

我一项项认真地看，这是小树的第一张社会鉴定表，上面写着他的名字、性别、年龄以及各方面的情况：

小树小朋友性格活泼，智力发展非常好。

看到这些我很高兴，但接下来的内容就让我担心与不安了，因为老师填写了：身体偏瘦、体重14.9公斤，不达标。

是的，小树四岁了，还不到15公斤，他大概是班里唯一不达标的孩子了。

回家后我让小树坐下，读老师的鉴定给他听。读完了我说："你现在吃饭多了，也不挑食了，以后还得多吃饭，多锻炼身体，让身体胖一些壮一些！"

然后我和他一起去食堂打开水。他像个小精灵一样，在我前面跳跃着下楼梯，边下边说："我现在不用你抱了，上楼也进步了，下楼也进步了，吃饭也进步了，干活也进步了。"他连说了自己四个进步，最后又归结说："我这不是成解放军了！"

姥爷给他讲过一些解放军的故事，在他心里，解放军的位置很高，他们遵守纪律、能打胜仗、做好事、争取进步，所以他幽默地说自己有这么多的进步，跟解放军差不多了。

小树身体弱小，没有达标，他的能量也许都表现到了心智上。

1992年8月2日

小树和爸爸躺在狭窄的单人床上背古诗："春眠不觉晓，处处闻啼鸟，夜来风雨声，花落知多少。"

他们背着、闹着，小树突然从床上掉了下去，头朝下摔在地上。爸爸赶紧抱起他来，看到没有什么摔伤才说："好在摔得不重。"

想不到小树回曰："要不就春眠了！"

小树的爸爸惊喜地对我说："小树这个孩子，虽然身体弱小，但是大脑很发达，用词的机智、幽默真是很非凡，有着特别的才能！"

小树妈妈与家长们分享

小树因为ABO溶血，出生四天后就住院了。在医院里，打针、吃药，没有人细心照料，营养跟不上，所以出院后，身上长满了痱子，肠胃功能很差。整个幼儿时期，他的免疫力都很差，经常生病。

没能给予他一个健壮的身体，一直是我心里的隐痛。我想了很多办法为他增加营养、强壮身体，我也因此特别重视对他心灵的养育。这些苦心逐渐有了效果，到中学时，他的个子高了，免疫力增强了，身体也健康起来。高三时，他的身高达到了1.8米，修长的身材，聪慧的眼睛、清秀的脸，看上去真是"恰同学少年，风华正茂"。

体能是孩子人生的基础，所以养育孩子的心灵，是要在身体健壮的前提下。孩子身体好了，精力旺盛，他们的智能才会更好地发展。

美国演化生物学家贾雷德·戴蒙德在对欧洲文明人与新几内亚人的分析比较中认为：

为什么新几内亚人比西方人更聪明，除了遗传上的原因，还有另一个原因：现代欧洲和美国的儿童花费大量的时间，被动地接受电视、广播和电影所提供的娱乐，相比之下，传统的新几内亚儿童，把他们醒着的大部分时间全用来从事积极的活动，了解自然的地形、动植物，或者与同龄人、成年人谈话、游戏。（见贾雷德·戴蒙德《人类社会的命运》）

在家里，父母可以定期为孩子称体重、测量身高。发现孩子偏食、活动少、视力减退，或者身体出现了一些问题，要及时地带孩子去检查，在家里帮孩子调理。

引导、鼓励孩子跳绳、爬山、游泳、打球，能够增强他们的体质和灵敏性。

身体的健康、平安永远是孩子最重要的事情，这也是他们能够适应环境、增强各种生存能力、走向成年的基础。

孩子打打闹闹、☆磕磕碰碰是常有的事情

1992年7月14日

小树的嘴今天磕破了，流了不少血，上下嘴唇和鼻尖都红肿了起来。

幼儿园有一架铁秋千，他是在从前面跑过时，被一个突然荡起秋千的小朋友扫倒了，铁秋千撞伤了他。我跑过去保护他时已经晚了。小朋友的父亲很好，陪着我们一起去卫生所擦药。

看着小树疼得直哭，我很心疼，但又不好说什么，都是些小孩子，这种互相的碰碰撞撞是常有的事情，再说撞到小树的那个孩子又不是故意的。我对这位父亲说："没事，你们回家吧，孩子们都顽皮，一不小心就会有碰碰撞撞的。"

回家的路上我给小树买了一个小玩具——挖土机，他玩得很开心，忘记了伤痛，一边玩一边说："'飞龙牌'挖土机，能挖土，能放土，能拉土，能卸土。"他连用了四个动词来表述他新玩具的功能。

小树妈妈与家长们分享

孩子们互相之间打打闹闹、磕磕碰碰是常有的事情，只要没有大碍，家长们就尽量不要参与他们之间的事情，因为孩子们要长期相处，他们可能今天发生了冲突，明天又成了好朋友。

如果自己的孩子误伤了他人的孩子，最好让自己的孩子道个歉，并且一起关心一下受伤的孩子。

有一次，小树跟院里的几个男孩子一起玩沙土，他们一把把地抓起沙土，比赛谁扔得远。小树不小心把沙土扔偏了，扔到了身边一个男孩子的头上，里面恰巧有块稍大的石子，打得男孩子哭了起来，我看到他的后脑勺上流出了血。我满怀歉意地给这个孩子的爸爸打了电话，然后叫了辆出租车，把他送到附近的医院去上了药。他的父亲赶到后，一点也没有计较："没事了，回家吧，都是些皮小子！"

父母亲不可能永远护着自己的孩子，孩子们总要融入社会生活中，成为彼此的人环境。所以，能够给予他人的孩子一点关爱，就是在让自己孩子的生存环境更好。

仅有本能不够，☆做父母还需要学习

1992 年7月26日

今天开始读保罗·维尔森的《母亲与孩子》，这是一本研究、分析母亲与孩子之间关系的书，作者有着自己的养育亲历，因而写得真实、亲切。书中分析了母亲与孩子这个由一体最终分为两体的生命过程中，一些亲密、分离与其他一些可能性的形成，认为母亲对孩子有着终生的影响。

“母亲必须既让孩子分离，让他们成为一个独立的人，又维持着自己心目中的孩子。一个成熟的男人、女人，总要出现在广阔的世界中，把童年的秉性隐藏在身后，他们必须离开那个再也无法帮助或者支持他们的母亲世界。”

养育中的一些冲突、分离、痛苦，是一直伴随着父母亲与孩子的，父母亲必须应付一些令人困惑的问题，忍受一步步与孩子分离的痛苦。这本书对我很有启示，让我的一些模糊的意识清晰了起来，在我与孩子经历这些的时候，让我多了些理解，避免了一些由于缺乏认识而可能产生的错误。

1992 年8月31日

天气逐渐地凉爽了起来，季节的变化与交替让生命相应地变化着。

小树也不断地成长着，仿佛仅仅是几天的时间，他已经由一个只在楼梯上玩耍的小男孩，成为了一个提着挖土的小塑料桶独自在楼下奔跑、撒野的小男子汉。

从幼儿园回来，他总想在外面玩耍一会儿，如果我有事情不能陪他，他就自己在下面跟小伙伴一起玩，我只从窗户那里不时地看他、喊他就行。

有时候，我喊他回家喝水、吃饭，他会说他还没有玩够，不想回家。

他开始去感受家庭以外的乐趣了，也许这是他离开家庭与父母的开始。

小树妈妈与家长们分享

养育的本能、爱的本能是人类以及其他生物都有的。

非洲的一种雌性红蜘蛛，会在小蜘蛛出生以后，把自己化为一摊营养液，让还不能捕食的小蜘蛛吸食，直到它们有能力四散而去。

美国摄影师约翰·瓦提拍下了一对花豹母子的感人故事。小花豹被洞口附近的蟒蛇吞食以后，母花豹寻着气息，找到了蟒蛇藏身的地方，一直守了三个多小时，最终逼迫蟒蛇吐出了小花豹的尸体。

但是仅有本能是不够的，做父亲、母亲还需要交流、学习一些基本的养育知识。记得儿子刚出生时，我连为他换尿布、洗澡都不会，是在他人的一一传授下，才知道要用手轻轻地提起孩子的腿、托住孩子的背来做这些事情。

我曾经看到过黄河边那些农村的母亲用咀嚼过的炒花生和馒头片来喂孩子，用炒过、晾干的细沙来做孩子的尿垫，她们坐在街头上交流各自的经验，把孩子养育得身体十分健壮。

读一些养育的书籍，从老一代人那里学习一些传统知识，与周围同龄的父母亲交流、分享，或者参加一些培训班，都能够让我们学到养育的知识和经验。而父母亲每学到一点，孩子就能够受益很多。

☆从孩子的讲述里了解老师

1992年9月5日

升入中班后，老师们也随之换了，只有保育员严老师没有换。新换的两个幼儿教师看上去年龄小，个子也很小，大概是刚从学校毕业的学生，家长稍一马虎，就可能把她们误认为是大班里的大女孩。

今天接小树回家后我问他："你们班刚换的两个老师怎么那么小？"

"不是。"刚刚四岁的小树否定着，认真地说，"你是隔远了看小，其实不小。我坐着时看老师也小，老师叫我起来到跟前批评我时，我看着就大了。"

我不知道他是在表述一种他与老师之间的物理距离，还是在描述他的心理感觉。我推测，可能是老师在批评他的时候，他有老师一下子威严高大了起来的心理感觉。

由此我也推测，这两个小老师，可能也是擅长对小孩子使用"批评"的，并且态度是严厉的，因为开学才四天，小树就被批评了，还被叫到了跟前批评，并且感觉到了老师的威严高大。

1995年12月26日

"今天上体育课，体育老师踢了方方一脚，踢在了他的肚子上，他一直说肚子疼。下课的时候，老师跟我们说，今天的事情不要告诉家长。"放学回家的路上，小树告诉我。

"你告诉了妈妈，没有关系。老师不应该那样踢学生的，也不能要求孩子不告诉家长。如果老师踢了你，你回家后就告诉妈妈。”我对小树说。

“我没有犯错误，老师不会踢我的。方方是抱着球乱跑，老师踢了他。”

“不管学生犯什么错误，老师都不能用脚踢学生，可以批评他们，可以告诉家长，就是不能打学生。”我继续对小树说。

“我们放学站队的时候，方方还肚子疼，但他跟我说，他不敢回家告诉他妈妈。”

“但愿他明天就好了，也但愿体育老师以后不再这样踢学生了。”我为这个被踢的孩子祈祷着。

小树妈妈与家长们分享

经常有家长询问我孩子上什么样的幼儿园好。

因为每个幼儿园都是不同的，我只能把我的经验告诉他们：“幼儿园里，有慈爱的老师是最重要的，其次才是能让孩子学习一些音乐、绘画、计算等学前知识的。”

幼儿时期，很多知识是可以在家庭里学习的，孩子们上幼儿园，只是进入同年龄人的团体中，开始学习一些社会规则。在这个时期，他们在穿衣、吃饭甚至大小便上还不能完全自理，还容易生病，需要亲切、细心的关爱。

大部分老师也是善良、行为良好的，但也总有一些老师品行不端。他们自己童年时就没有受过良好的教育，所以有的老师会体罚孩子，会辱骂、嘲笑孩子，有的老师甚至还会性侵孩子。

家长要经常与孩子一起谈谈他们的老师，从孩子的讲述里推测、了解老师的一些品行，一旦发现问题，就可以通过学校及时解决。

每天接送孩子或者开家长会的时候，也多与老师交流，从老师那里了解孩子的成长、进步以及存在着的问题。

给孩子一个安全、快乐、☆充满关爱的成长环境

1992年9月20日

这是个周末，下午在明亮的光线里写一篇稿子，小树在身边跑来跑去，不觉就到了黄昏。

我想让小树学着做事情："你能不能给妈妈打开灯？"

"行，我能够着灯绳。"他很积极、踊跃。

他跑到墙边，两脚一跳，手就够着了灯绳，"啪"的一下灯就亮了，顿时满屋光明。

"你看我长大了，我一抬脚就够着灯绳了。"小树打开了灯，却不急于离开，他为刚才的成功而高兴。他又踮起脚，抓着灯绳，关灯、开灯，把刚才的过程从头到尾表演了一遍，两只穿着球鞋的小脚一直踮着。

儿子的这个形象感动着我，同他的许许多多事情一起，永远清晰地留在了我的记忆里。孩子也许就是通过这么一件件事一点点地长大的。我看着儿子，享受着养育的回报，我目光里的爱也永远不竭地鼓励着他的每一步成长。

而在孩子犯了小错误的时候，我想也许家人给他一点点指正，或者批评，会比他长大了，出门在外时，社会给予他无情的挫折、打击要好。只是每一次，我都是那么不忍心，那么想在所有的事情上都呵护他。

秋天的夜晚深沉宁静，跟小树一起拼好一辆玩具汽车后，又教他认识了

十多个生字，他便困倦了。我熄了灯，陪他入睡，几乎每天晚上我都这样陪他，等他睡后，再爬起来坐到自己的稿子前面。

小树半睡着，屋外的灯光让家里幽暗静谧、安宁幸福。小树睁眼看了一下，在妈妈身边，他一点也不害怕黑暗。

“那些没有妈妈在身边的孩子，也没有其他人陪着，没有人拿尿盆，没有人盖被子，他们是不是不幸福啊？是不是很孤独啊？”我摸着小树的头，让他对比和感受生活。

“是很孤独、不幸福。”他像是很懂似的，说完安然地睡去了。

1992年9月23日

在安全、宽松、充满爱、注重心灵感受与认知的家庭环境里成长起来的孩子，会逐渐地具有这个环境的特点。小树自小就有一种能说明事情、表达自己想法的能力，不教条、刻板地接受知识，能够变换地应用并很有幽默感。

早晨，我帮他穿鞋子时感觉他重了一些，身上长肉了。我开心地说：“树，你真胖了，成小胖子了。”因为他的身体在同年龄孩子中一直弱小，不达标，让他长胖长壮一直是我努力的一个目标。现在感觉他胖了，我高兴得想落泪。

小树回应着：“你知道我们班最胖的是谁吗？”

“知道，是周文。”天天接送孩子，我对他们班的孩子都很熟悉。

“你知道还有个小胖子是谁吗？”

“我不知道了。”

“你不是见过吗？”他提示我。

他的提示太简单，我还是不知道是谁：“我见过也可能不知道名字啊。”

“是郑然然。”他忍不住告诉了我。

我笑了，这个女孩我很熟悉，就住在我们院里。

他继续问：“还有谁是小胖子？”

我又不知道了。

“你不是也天天见嘛！”他又提示我。

“我还是不知道叫什么名字呀！你告诉我吧。”

他用手指了指自己：“是我呀！你不是说我成了小胖了嘛！”

我笑起来，为了他表达得艺术和有趣。我因为开心，笑得一定像个孩子一样。小树看着我也笑起来。

小树妈妈与家长们分享

家庭是为了孩子而设立的。

人类早期居无定所，没有固定的婚姻和家庭，怀孕、哺乳以及养育孩子都很艰难，大多数的孩子便流产、生病早夭了，甚至被其他动物吃掉。

家庭能够为孩子提供最好的庇护与照料，并且能够传递血脉、亲情以及父母的生存经验、技能、文化和财产。

而现代人的爱情、婚姻，从根本上来说，也是为了繁衍、养育而进化形成的。

人类以外的那些不能独自繁衍、养育后代的生物，也需要相应的家庭、协作的配偶，甚至专注的感情。比如，南极的企鹅，它们要雌雄一起选择小石头、铺建一个稳定的家，雌企鹅产卵后，就交由雄企鹅来孵化，在小企鹅出生以后，它们又要轮流下海捕食，喂养小企鹅。在南极极为恶劣的环境中，如果没有一个稳定的家，没有“夫妻”的忠诚、合作，它们的孩子就难以顺利地孵化、成长起来。

所以，家庭要给予孩子安全和温暖，让他们快乐、自由地思想，发展自己的能力，感受到互相之间的关爱。

在这样的家庭中成长起来的孩子，他们也会相对地开朗、活泼，不压抑，不忧郁。

☆打骂是会伤害孩子心灵的

1992年10月5日

给小树买了两副儿童游戏棋，一副是旅游的，一副叫“希瑞棋”。这一时期，商店里到处是卖变形金刚的，大同小异，而变形金刚小树已经有七八个了。这些棋子，可以让他了解一些交通方式与地名，也比较便宜。

晚上小树下不够棋，不肯睡觉。但生活的秩序要求他不能随意、任性，他应该睡了，不然明天早晨起不来。小树爸爸的脾气今天很不好，他催促了几次，小树还不肯睡觉，他就把他抱上了床，硬让他睡觉。小树光着脚跳下床，嚷着要再下一盘棋，爸爸便打了他一下，又抱他上床去睡觉。

小树委屈地哭起来，他不觉得自己有什么错误，更不愿意接受这种强迫的行为。我过来劝解，帮他脱了衣服，熄了灯，和他一起躺到床上。

黑暗中，小树突然问我：“你的爸爸妈妈打过你吗？”

“打过。”我回忆着自己的童年。

“你是不是犯错误了？你讲讲给我听听。”

“我有一次呀，不愿意回老家去看我的爷爷，因为我要一个人走五六里村路，村子里有狗，我害怕狗。我当时正跟小朋友一起玩，我的妈妈叫不动我，就打了我，用树枝把我的手打肿了。”

小树抚摸着我的脸：“我的姥姥姥爷没有打过我，我亲姥姥姥爷和妈妈，不亲爸爸。爸爸打我。”

小树的话使我记起了小时候被人打骂时的压抑、无助与没有能力对抗、辩解的心情，不管是什么原因，都很想不开。直到今天，回想起当年的一些情景，虽然已经能够理解，但还是有一种忧伤、不快乐。所以父母打骂孩子，无论如何都会在他们心灵里留下伤害的。

“我的爸爸妈妈还是很少打骂我的。爸爸刚才也是很轻地打了你一下，他小时候在农村，挨过很多打，留下了些不好的行为。我们找个机会批评他。睡觉吧。”我抚摸着儿子的头，让他理解刚才的事情，安心地入睡。

小树妈妈与家长们分享

大部分父母都曾经打骂过孩子。

在一次家长会上，我问在座的父母谁曾经打过孩子，几乎所有的人都举起了手。

我也打过孩子几次，但在我认识到这是个粗野、恶劣的行为以后，再也没有犯过这样的错误。

有些父母亲信奉孩子不打不成器的传统理念。一位钢琴家的母亲，在孩子童年学习钢琴的时候，每弹错一个音，就用针在孩子的小手上用力地扎一下。这位母亲在电视节目中讲述这些往事时，脸上还有些扬扬得意，因为是她把孩子培养成了著名的钢琴家。

仅仅因为弹错了一个音，母亲竟然就用针扎孩子的小手，这是多么残忍的事情！这甚至不叫教育，而是暴虐。即使这个孩子后来成了名，肯定也不能抹去他小小心灵受过的伤害。这样的父母亲是在用伤害、牺牲孩子的感情来换取他们想要的孩子的名利，让孩子最后获得了名利，却拥有了一颗冷漠、暴虐的心。

现代人类都不再虐待俘虏、罪犯了，有些父母亲却依然以爱的名义，虐待着自己的孩子。

要知道，孩子心灵的快乐与幸福，永远要比名利更重要。

我也询问过那些已经成年的孩子，只要是被父母粗暴地打骂过的，他们都曾经有过气愤与伤心，并且至今记得那些情景。

小孩子的心灵是稚嫩、脆弱的，应该受到美好的呵护；在上面撒一把盐，可能一时看不出什么，但肯定会渗入到他们生命的深处。

打骂永远不是一种好的养育方式。

热爱大自然的孩子，☆心中才能有大爱

1992年11月20日

生存经常迫使人们做一些他们并不喜欢的事情。今天是星期天，小树不去幼儿园了，我很想带他出去跑跑、玩玩、晒晒太阳，但是却不得不去参加职称考试。

我走后，小树由爸爸带着去植物园了。

我回来时，小树和爸爸也正好回来了。小树的爸爸告诉我说，冬天的植物园里满地落叶，几乎看不到游玩的人，杨树、柳树、梧桐树都裸露出了枝丫，只有针叶树木和冬青依然青绿，阳光灿烂但是十分清冷，鸟儿的叫声都干涩而且灰暗，大概只有心里能够容纳深情和庄严的人才能感觉别有一番情趣。走在似乎冬眠着的树木旁边，小树突然说：

"爸爸，这里有点荒凉。"

小孩子的话正暗合了大人的心理。爸爸连声说：

"对，对。你知道荒凉是什么意思吧？"

"就是静悄悄的，没有人，不好看。"一个四岁多点的小孩子的认识不很准确，但是直接和感性。

"爸爸，你和我唱歌吧。"走到一处满目枯荷的池塘前面，小树想表达他的小情绪。

"好的，唱什么？我唱《红河谷》吧，你想唱什么？"

"唱这里静悄悄吧。"

"这里静悄悄？ 这里静悄悄……那咱俩就唱'微山湖上静悄悄'吧。"爸爸找了一首歌词里面有"静悄悄"几个字的一首歌。

他们就站在冬天的风中，站在小小的池塘边，一直唱完了这首歌。小树看着眼前的那些灰色的树木和枯荷大声地唱着，神情认真严肃，声音压过了爸爸的声音，也压过了身边草木被风吹动的声音。

人类永远是大自然的一部分，所以每个人的生命都是与自然相关的，大自然是我们生命的生息之地，也是我们最丰富的知识宝库，我们的一切知识可以说都是从自然的世界得来的。

所以，一个热爱大自然的孩子，是不可能变坏的。

一个心灵能够如此感受自然的孩子，他也能够这样去感受人类社会，感受人的思想和感情。

我想象着小树与爸爸站在满目枯荷的池塘前面认真唱歌的样子，清冷的风吹拂着他们，不知道为什么，这让我的心里有感动，也有一种伤感，似乎是小树还这么幼小，还不应该感受这种凄凉的心境。

小树妈妈与家长们分享

广阔的自然世界是我们人类生存的大背景，它包括了更为广阔、众多的事物，而这些事物，都是与我们息息相关的。比如，城市的空气污染、地球的温度上升、宇宙星系的变化、大批动植物的死亡，都会影响到每一个置身其中的人。

现在人们申请学校、应聘工作时也经常被问到："你来自什么样的家庭？ 你的教育背景怎样？"

通过家庭背景、教育背景、种族背景这些，我们能够更好地了解一个人。

而我们也需要通过自然的大背景，来更好地了解、认识人类的生活。

所以，我们也不能只让孩子生活在家庭中，只爱家里的人，也要让他们尽可能地走进社会、自然世界中，去了解、热爱更多美好的事物。

那些为拯救濒临灭绝的藏羚羊、被砍伐的热带雨林而四处呼吁、奔走的人，是不可能残酷、随意地杀害同类的；那些除了自己不再爱其他人的人，才可能因为一件小事情，就伤害父母、给同学下毒、枪杀无辜的人。

让孩子走出家庭，感受广阔的大自然，心中拥有大爱吧，这样他们才能有大境界、大事业，也有大幸福。

☆生活中的领悟与即时教育

1992年11月23日

小树的嗓子哑了，还不时地咳嗽，可能是受了风寒。我担心他在幼儿园里喝不上水加重起来，今天又让他留在了家里。他留在家里，我就要在家里看稿子，以便照看他。

“小树，我去办公室拿稿子，你自己在家里做题吧。”家里只有孩子一个人时，我总是不放心，就总是找一些小事情让他干，稳住他。我先用椅子挡住了卧室里几个暴露在外面的电源插头，它们是家里小孩子可能触到的最危险的地方。然后给他写了二十几道算术题目。这是一些20以内的加减题，小树这一段的算术能力有了很大的提高，他一开始用手指算，后来用小串珠来算，现在已经能在不太难的题目上领悟到规律，用心就算出来了。

我回来时，他已经算完了我留下的题目。我看了一下，只做错了两道题。但是让我很惊奇的是，他做完了我为他编的题目以后，竟然在我编的那些题目下面，又自己编了两道，并且算了出来。这两道题是：

8+2＝10

11+8＝19

他只是把19写成了1e，把10写成了01。他还只是认识1到10这些数字，而不会用手写。他把20也都写成了02，8写成了紧靠着的两个0。

我不知道别人家四岁的孩子都怎样，但小树能这样让我感到很惊奇，他有很好的领悟力，并且能够在领悟到规律以后，进行创造。我把他编的算术题保留了起来。

我今天还意外地发现了小树对色彩的感觉很不错，他在给自己画的几辆车涂颜色，不同用途的车涂了不同的颜色，坦克涂得颜色深重，客车的颜色华丽轻松。我仔细地看他画完的那些车，还发现他在每一个车轮后面都加了一块灰黑色的投影。

“是老师叫你这样画的吧？”

“我自己看到的，外面的人都有影子，车也都有影子。”

这些发现让我感受到小树是一个能自己观察事物、发现问题的孩子。他还把我画的一辆车做了修改，在车头和车尾部分加上了一些装置，如车灯和车号等，让我感觉他的“艺术品”更细致、准确地接近了现实。

孩子大概就是在一次次的“看到”和“听到”中领会、认识着事物，他们的认识在某一个生命的阶段里经常会突飞猛进，让你赞叹不已。

“太好了，你自己编算术题，还观察到了人和车的影子，很了不起！”我夸奖着他。

1992年11月25日

除了生活中自然的感受、认识以外，我今天想利用环境主动地给小树增加一点“生命意识”。

冬天不是让外面的树木萧瑟了吗，我们就在家里让植物生长吧。

我到厨房里找出了几头大蒜，剥去了皮，又找了几个平底的塑料盒子和一个花盆。我让小树和我一起种蒜。我们把一些蒜用土种，一些只用水，用土就是把它们种在花盆里，用水就是把它们摆到盛了水的盘子里。我先种给他看，然后由他自己去种。我想让他看看大蒜这种植物在这两种不同的环境中会怎样变化。

小树很愿意干这样的事情。他种完了后，又用小水桶给用土种的蒜浇上了水。我们把这些生命的种子安置到了暖气旁边，用不了几天，它们肯定就会像变魔术一样发出绿色的芽来，并且继续生长。 小树还从来没有看到过植物发芽的全过程呢，到时候，这些最简单的生命一定会带给他一种神奇的感觉。

小树妈妈与家长们分享

生活中，到处是可以引导孩子观察、认识，从中学到知识、领悟到规律的景物。 杨树的叶子为什么在秋天变黄、飘落？ 阳光下、灯光下，人为什么有影子？雷雨时，为什么看到闪电以后再听到雷声？

父母可以把孩子带进厨房里，一起择菜、洗鱼，给他们讲讲蔬菜、豆类的生长与营养，讲讲鱼鳃与鱼鳔的作用。 还可以把土豆、地瓜这些根茎植物，种到一些瓶瓶罐罐里，让孩子亲眼看到它们的生长、变化。

人类的很多知识都蕴含在现实生活之中，所以只要父母用心，生活即是教育，能够给予孩子很多领悟的乐趣与知识。

生活中这样细微的教育，天长日久，就能够形成大教育，让孩子身心受益。

☆小小“纵火犯”

1992年12月8日

天气有些阴冷。晚上我去听外语课了。小树在爸爸出去打开水的工夫，又用打火机点了一把火，把爸爸桌子上的十几页稿子点着了，他在光明灿烂的火焰中，惊奇地看到一种物质很快地变成了另一种不同颜色、形态的物质。爸爸回来后紧急灭火，但是只从火焰中抢出了几片没有用的纸头。

这是小树在家里第三次“纵火”了。

第一次是他和邻居家的一个男孩钻到了床底下，他们像是躲在幽暗的山洞里，点了一把火，当时差点烧了床，引起一场大火来。

第二次是他站在桌子上玩精美的打火机，顺便点燃了桌子上的几张单据。那是几张小树爸爸出差回来还没有报销的单据，大约有一千来块钱。

这三次“纵火”，都只是稍有损失，没有造成严重的后果。

我回来后，小树已经在“纵火”后睡着了。我与小树的爸爸说起了加强家庭防火的重要性，是的，水、火都是一些无情物，一个小孩子，他只是对火感兴趣，还不能意识到玩火的危险，所以大人一定要放好燃火用品，也必须想办法让孩子明白玩火的危险，这可不是小事。

“我打了他几下。”小树的爸爸告诉我。

“你最好还是先管好你的那些四处乱放的打火机、火柴，还有烟蒂。”我追本溯源地对他说。

孩子的成长确实与大人们的行为以及各种环境有关系，不仅外面的社会环境，就是家庭里的小环境，也对孩子很有影响，有一些特别的环境甚至会深深地烙印在孩子的心中，影响他们的一生。

回到自己的房间，我还沉溺在忧虑之中。在小树成长的每一天里，我都要为他做很多事情，为他做饭、洗衣、倒水、清理房间，还要接送他上下学；在他生病时，要倾心地照料他；在他无知的事情上，要指点他；在他犯了错误的时候，还要想办法让他认识到……而我最忧虑的事情，还是他的安全，交通、疾病、火灾、绑架、丢失等，没有人敢说这些事情绝对不会发生在自己孩子的身上。我一直在阳台上放着一条长长的绳子，以防家里失火的时候，好把小树从窗户上放下去。我叫它“安全绳”。

也许我忧虑的事情始终都没有发生，但我却宁愿一天天地忧虑下去。

每一个孩子的父母亲，可能都是这样。

小树妈妈与家长们分享

对幼儿来说，家庭中也是潜藏着一些危险的。

有些幼儿会去拉扯裸露的电线，会把塑料袋套到头上玩，会用手指或棍状物捅电源插孔，会抓起农药瓶来喝。小树四岁的时候很喜欢玩火，他不时地用爸爸的打火机点纸，看它们燃起光亮的火焰，有时候还躲到床底下去点火。他还不知道这样很容易引发火灾。

我问他：“你怎么老是点火？”

“我想研究火，你们不让我点火，我怎么研究？”他有着充足的点火的理由与兴趣。

“你点燃了这些纸，纸容易再把这些木头、床单烧起来，它们烧起来以后，你躲藏在床下，不就被烧着了？要是爸爸妈妈不在家，火就会越烧越大！”我给他讲点火的危险。

我也给他讲防火的办法："要是家里起了火，火很小，你可以用水泼灭它，如果火大，你就赶快往外跑，边跑边呼救。"

父母们除了消除家里可能的危险因素，一定要多为孩子讲解一些火灾、地震发生以及用电、吃药、陌生人敲门时的安全知识。那些掌握了安全知识的孩子，能够更好地避免灾难，平安地成长。

☆父母要因为孩子而喜悦、幸福

1993年1月7日

又一个生命的季节开始了，孩子，母亲永远用心来爱着你。我开始在黄昏时倾听你从幼儿园归来的脚步声，你总是一边爬着楼梯一边喊着妈妈，报告你回来的消息，我总是听着这声音就感到欣喜。我会放下手里的书、笔或者其他的活计敞开门迎接你，也敞开心，让你到我的心里来。洋槐树白色的花、梧桐树紫色的花都在我们的楼窗前拥挤着、摇动着，岁月深蓄着生命的含义。孩子，让我们在这个屋子里拥有我们值得的回忆。造物主并没有标示出最好的东西应该在哪里，它们只在我们自己对生命的感受与领悟里。

让妈妈和你弹一曲《摘棉花的老人》和《把我带回弗吉尼亚去》。让我给你洗脸、洗脚，让你帮着我拖地，然后我们再打开电视，看一个中国皇帝的故事。

让我陪着你玩，一件件地为你做事情，看着你一天天地成长起来。我是在做你幼年里的导师与伙伴呢，我要把世界上最有营养的爱输送进你的生命里。

我经常很紧张、很疲劳地努力着，但很幸福。

我最喜欢的一种树木是银杏树，它也叫万树之母，因为它柔柔的召唤阳光的手臂和软软的饱含液汁的身躯能插活所有的树木。它在冬天来临的时候才落下果实，它的满头细碎的叶子总在喃喃地絮语。

当你很大很大了以后，当你站到我过去站的位置时，你会理解这种树木。

1993年4月3日

春风在外面没有太阳的天空中呼呼地刮着，大有飞沙走石之势。本想带小树出去买一种小甜饼吃，见外面的天气这样，便停在了楼梯上。小树因为今天没有让他去幼儿园分外高兴，干什么事情都不执拗，他随和地说："行，不出去也行，只要在家里玩就行。"

然后他说他想起了一首歌，要唱给我听。他开始唱，唱得很有感情，抑抑扬扬的，只是前面的歌词都听不清，我只听清了后面的两句，这两句真好：

"……

妈妈是我的家，

我是妈妈的小孩子，

我在家里多么好！"

小孩子的歌，随意的歌词、曲调，不很合逻辑，只是在唱着他一时的心情，但在我听来，这是儿子的快乐，是他在成长的心智，他唱的是我听到的最美妙的歌曲，任何歌曲都不能与之相比。

1993年4月6日

春暖花开的时候也不时地有寒流袭来。孩子们由于幼小娇嫩，主要是免疫功能还没有发育好，与那些纤弱的花草一样，是不堪袭击的。楼洞里的几个孩子都病了，小树今天也因为咳嗽留在家里。

中午吃饭时，他在桌子旁边跳来跳去，使我们不能安心地吃饭。爸爸说："来，你藏起来让妈妈找，看能不能找到你。"

他把小树藏进了床头的一个柜子里，然后回来同我安心吃饭。

小树在里面老老实实地藏着，过了好长时间，我也没有去找他。他便打开柜子从里面钻了出来。他一边寻思着爸爸的用意，一边走了过来对我们俩说："说，你为什么不找我？还有你，你肚子里是不是有个坏主意？"

他没有说透爸爸藏起他来的用意是为了吃饭，但他已经悟出了爸爸的肚子里有个"坏主意"。

一个四岁多点的小男孩在桌子前面走来走去生着气很有意思，他非要问出爸爸的坏主意来不可，他感觉被捉弄了。他一直闹到爸爸向他认了错、道了歉，说是同他开玩笑而不是坏主意为止。

"开玩笑也不行！"他最后严肃地说。

1993年4月7日

我守着你，儿子，在这个春天的夜里，你病了。月光照着我心事重重的脸。我也病了，疲倦得没有一点精神。时光一点点地度着，多少个夜晚是这样过来的。

我还在你睡后去看了看另一房间里的爸爸，他一直同我一起照料着你，他是我们生存密切相关的三位一体中的一位。他抚着我的头、我的累，让我安歇一会儿。他说他应该照顾我，我照顾你，他不用照顾。他说一个男人到了被照顾的地步肯定很不好。

我说我也愿意不顾自己地照顾你，世界上最美好的事情就是愿意。

月光在我的脸上继续照耀着，我的鼻子干得流血了，我出去喝水。我是个夜里睡不安稳的人，重重心事在夜里折磨着我。我打开灯喂你喝水，听着你的咳嗽。我伸手抱着你睡。我抚摸着你的手、额头。月亮看着我们，亲情已经同药物一起治好了我们的很多疾病。

儿子，再累再困倦的时候，也有月亮看着我们，它是我们生命的守护神。我也有一双月亮一样的眼睛，它使我们的家里缺乏很多东西的时候，也不缺乏爱的感情。

1993年4月11日

今天带小树去植物园。他很高兴，一直在我和爸爸的前面跑，到了一处草地，我和爸爸谈着自然的变化与人的关系，突然发现前面没有小树了。

我们俩赶紧找，回头却看到他正蹲在草地上研究发绿的草叶呢。他的动作、神情是那么地专注，边用手抚摸着新生的绿草边感受着。我们站下来等他，他朝我们走过来说：

“远看草色一片黄，近看草色处处绿。”

他用自己的观察和感受，理解并改编了古人“草色遥看近却无”的诗句。

1993年7月1日

这些日子小树变得很懂事了。他开始认真地坐在桌子边写字、画画，有时伏案很长时间，很像是爸爸妈妈工作时的样子。以前，只要是在家里，他就会不停地来回跑动，问这问那，我都会被他缠得闹得很累很累，一点别的事情都干不下去。现在我这么喜欢他在家里。我们各自“工作”，累了我们就对话。他还帮我接水、择菜，干家务活。

今天是星期六。上午我早接了他回家。这两天我因为工作上的事情有些心情不好，他在家我心情就好些。去幼儿园接小树的时候，保育员严老师说：“小树要是不顽皮了，可好玩了。你搂搂他，软乎乎的。”老师的言语之间流露着真正的喜爱。出了幼儿园，我看到他的头发湿了，问他怎么回事。他说是老师看他头发长了，太热，便为他淋了些水。老师们这么喜欢他，让我心里高兴。小树这个孩子与别的孩子不同的是，他聪明懂事，又爱动脑子、善于表达。他长着软软、黄黄的头发，干净的气质，总给人一种特别的味道，像一个洋孩子。很多人都喜欢他，即使他顽皮也喜欢他。他身上有爸爸妈妈给予他的一些人文气质。

1993年7月6日

今年夏天热得人总是头昏昏的，我很少能静心地沉入我的写作中去。世道也在急功近利地变幻着，在一个特殊的转型时期，人们不自觉地放弃了生命中更宝贵的东西而看重起金钱来。今年的雨也特别多。只有在下雨的时候，我才感觉清静一些，像是雨把外面那喧哗、嘈杂的世界隔开了。

坐在雨声的包围里，我的心才愉快一些，而我现在最愉快的时光是和孩子在一起，躺着看他睡去或者坐在他的身边跟他对话，共同了解、认识一些事物。

小树，我的好孩子，你给了妈妈夏天里的深沉宁静的幸福，没有你在我身边的时候，我会睡不踏实，会觉得身边少了什么。只有当我摸到了你的小手、你的额头时，我才能无牵挂地入睡。我总是仔细地看你玩玩具和那么专心地写我教你的字，低着头，小手臂一动一动的。我知道这是我的很真实、很幸福的时光，我应该珍惜它胜过任何事物。

生命在自然的繁华之后肯定是一年不如一年了，即使是另外的繁华来临，但它已经不能使我的身心真正地激动。为此，我很感激我有了你。

小树妈妈与家长们分享

父母亲要经常因为孩子而喜悦、幸福，是他们让我们成为了父亲、母亲，为我们带来了这人生的完整与养育的感受，而不要把他们视为麻烦、累赘。

以前，孩子在身边时我还感觉不真切，只是经常感觉到孩子为我带来的生命的新奇与快乐。在儿子上大学离开家以后，我才真正感觉到我是多么需要儿子，是他使我成为了一位母亲，为我带来了生命的忙碌、充实与意义。

很多母亲在痛失孩子之后，便觉失去生活下去的意义，她们的生命里埋藏着一个最爱的孩子，再也没有了希望、快乐与幸福。

满怀喜悦地迎接孩子的降生吧，他们是一个个的天使；辛勤、耐心地养育他们吧，这是天底下最重要的事业；时常地感谢他们吧，是他们使我们的生命得以延续并拥有了生活的幸福！

☆小孩子最想和妈妈在一起

1993年4月18日

气温一下子上升到了30℃。小树评论说："怎么还没有过春天，夏天就到了？"

晚饭后我去送青岛的一位朋友，4路公交车半天才来，耽误了不少时间。我回来的时候还没有上楼梯就听到小树在哭。我赶紧上楼梯，他下来抱着我的腿叫着妈妈。

我说："妈妈不是去送客人了吗？你哭什么？"

他不哭了，跟我说："和妈妈在一起多么好！"

我赶紧抱起他来，我想他可能是以为我又要离开家外出了，又想起了那些我出差或者进修把他留在家里的日子，他找不到我了，不知道我到底到什么地方去了，他也没有能力去找到我。

"和妈妈在一起多么好！"他又说了一遍。

回家后，催他睡觉，我躺在他身边，他钻进被窝里去，从被子里露出一半脸来说："在妈妈的身边多么幸福！"

我知道小树的话不再只是说着玩的，他有了深切的体验，他是在把他的经历与感受表达出来。

而他说出的这种感受让我心里很难受。

小树妈妈与家长们分享

和妈妈在一起，是一个弱小无助的小孩子的基本需求，也应该是他们最基本的权利。和自己的妈妈在一起，能够让小孩子感觉最安全、最温暖、最开心，他们不用防备什么，也不用害怕什么，而且还能得到关爱……

为了保护自己的孩子，大象这样的哺乳动物有长长的孕期，鸵鸟、海龟这些动物形成了带壳的卵，蜘蛛这类昆虫则选择了把自己的身体化成一摊营养液，来为刚刚出生的小蜘蛛提供食物。

但是人类的有些父母却没有感受到孩子的最基本的需要。他们只是生了孩子，却没有养育，或者是认为给孩子付生活费就是养育。

很多外出打工的父母亲，把孩子留在农村的老人身边，他们想有了钱，就能够让孩子生活得好一些了，而等他们有了钱，孩子却已经过了情感的需要期了。还有些出国留学的父母亲，也把孩子留在了国内几年不见。有一位母亲为了出国留学，与丈夫离了婚，把幼小的孩子留给了父亲。六年以后她回国见到了儿子，儿子已经辍学在家，他粗鲁、冷漠，对父母充满了怨恨。

我一直记着儿子说过的话："和妈妈在一起多么好！"此后在我的生活里，我都把儿子的需要摆在最重要的位置，并且只要有可能，无论是开会、外出，或者深夜加班，在完成了外面的事情以后，我都会不在乎劳苦、路远或者夜深往家赶，儿子在家里需要我——想到此，我就会克服一切困难，并且心中充满力量与幸福。

期望所有的妈妈都能够记住这句话：世界上所有的事情，缺少了我们都行，但只有幼小的孩子，不能缺少妈妈在身边的疼爱与呵护！

☆让孩子了解生活的规则

1993 年 4 月 21 日

小树爱搞一些恶作剧，他往爸爸的鞋子里灌水，让爸爸一脚踏上湿了袜子；他还把空易拉罐拴一根线绳，然后放到门上边，在爸爸开门时拉一下，让易拉罐掉到爸爸的头上。爸爸批评他，他不服，狠狠地说："你又不是我的主人，你怎么管我？"

在这个小小的年纪里，他不理解一些归属关系。

爸爸听了，哭笑不得，便拉着他的手，跟他一一地讲解主人、孩子与父亲的概念以及这些概念之间的关系。

"我是你爸爸，你是我儿子，我们俩是父子关系，父子关系是血缘关系，是我要养育你，要爱你，你做错了事情，我要批评你，而不是主人与奴隶的关系。"爸爸说。

小树很好奇："那父子关系，你做错了事情，我也能批评你吗？"

"能，不过一般都是爸爸批评儿子，很少儿子批评爸爸的。"

"为什么？"小树不解。

"因为爸爸很少做错事情。"

小树思索着，回想着爸爸做错的一些事情："你抽烟，还丢过摩托车。"

"抽烟是习惯，不是错误。"爸爸为自己辩解。

"你跟妈妈吵架，摔了筷子。"小树找到了一个有力的证据。

"我以后不摔了。"爸爸不得不说。

"你以后做错了事情，我就批评你。"小树又强调了一下，他今天得到了一个与爸爸可以互相批评的理论。

"行。不过人没有不犯错误的，小孩子没有经验，会犯很多的错误。做了错事、犯了错误也不要紧，找出原因，再做对了就行。错误能够让人变得更聪明。别人对你的批评是对你的帮助，不要怕别人批评，就像你不知道在床底下点火烧东西玩儿会烧着床，然后床再引燃书橱里的书，更严重的是会烧伤你一样，所以我批评你，你知道了在床底下点火的危险，以后就不再点火玩了，就避免了引发火灾、被烧伤的危险，这就是增长了安全知识。你各方面的知识多了，是不是就变得聪明起来了？"

小树听着爸爸的话，可能是觉得很有道理，不再说什么了。

1993年4月23日

你不接近一个小孩子，就不可能知道他的心底、品质，他开始形成的习惯与观念。

我不时地会被小树的胡闹搅得心烦，认为他真是个顽皮的孩子，我也会眼见着他流泪觉得他只是孩子气。

其实一个小孩子也是全面的，必须多方面地去理解他们。要理解他们正处在不知道规则，也没有什么是非观念的时期，所以他们不可能不犯错、不违规，同时也不可能总是不听话、不懂事。我们必须理解他们、把握他们、引导他们，肯定他们的思维、情感和成长着的个性。

我发现小树是一个一旦了解了事物的情理、是非，就很有标准的孩子，他会要求自己做好，也要求别人做好。这在生命的早期也许是好的，让他对自己有很高的要求。但是在他了解、掌握了很多规则以后，他就会很难都做得很好了。

小树妈妈与家长们分享

生活中有些规则是必须遵守的，如不能在床底下点火玩、不能偷窃别人的东西、不能吸毒、过马路不能闯红灯，等等。

让小孩子遵守规则，先要让他们理解规则。

所以，遇到一件件事情的时候，父母要耐心地对孩子讲清楚规则。

父母对孩子讲解规则的时候，最重要的是要让孩子理解为什么要这样，这样他们才能真正地去接受。

父母可以这样为孩子讲解规则：

一、跟孩子一起分析他刚做过的一件事情。

二、告诉他一些正确的方法。

三、让他知道为什么要这样做，不这样做会怎样。

比如，在孩子被其他孩子欺负以后，先让他倾诉一下，然后跟他一起分析一下对错、原因，再告诉他一些对付他人欺负的正确方法，最后再让他理解为什么要这样做。

再比如，在孩子没有时间概念，做事情拖拉的时候，可以给他讲解做事情要有秩序、抓紧时间的重要性，可以举一个过马路的例子，在城市的路口，如果绿灯亮了，行人、车辆却各行其是、不抓紧时间，而红灯亮了，却还在过马路，这样肯定就会出现拥堵、撞人事故。

这样孩子就能够很好地理解了。

相信孩子在了解了事情的规则以后，除了明白了自己应该怎样做，心里也会因此踏实和快乐起来。

☆在孩子被欺负、受冤屈之后

1993年4月25日

“今天在幼儿园过得愉快吧？”小树一回到家，我拥抱着他问。

“今天不愉快。”

“为什么？”我发现他的情绪真不高。

“张强和好几个小朋友都打我，我没有朋友。”

“你怎么没有朋友？你不是有不少好朋友吗？你怎么不告诉老师？”小树遇到了社会问题，但他还没有学到解决的方法。

“我的好朋友今天都没有来。我告诉董老师，董老师还批评我。”

“董老师为什么批评你，是不是你没有说明白？”

“是我没有说明白。我没有打张强，张强就打我。董老师说我不打别人别人怎么会打我。”小树继续着他的不愉快，他没有能力理解与排解这些事情。

我靠近他，亲着他的脸：“妈妈理解你、同情你。你是不是不愉快了就想妈妈？今天的事情过去了就算了，以后遇到这样的事情你就好好地跟老师说明白，把谁先打了你，还有谁打了你，怎么打的，旁边有谁看到了，事情的起因、过程、结果都说明白，好不好？”

我找来一本故事书，开始给他讲故事，把他的情绪转移到了故事里，但我的心却还在想着孩子开始遇到的小小社会问题。我小的时候就曾经由于这些事情排解不开而压抑、不开心。小树很像我，他自尊心强，不愿意被别人欺负。他开始经历一个男孩子普遍要经历的一些烦恼了。

在人以外的动物世界里，存在着更残酷的类似问题。

我要关心他，帮助他，让他能够容易地渡过这些难关。他聪明又顽皮，前者容易在同龄人中引起嫉妒、不友好，后者容易滋事生非。我得引导他合理地对抗或者忍让，以便在成长中保护好自己。

1993年5月2日

小树一天天成长着，一天天地在变化，一天天地成为一个独立的小个体了。他也不时地从他参与的小社会里带回一些不同孩子的信息，比如谁聪明，谁笨，谁长得丑，谁被老师批评了，等等。

今天他回来说到班里小朋友的绘画："我怎么觉得小东的画画得好了，成功了，原来是别人给他画的。他真是一个笨蛋！"

小树妈妈与家长们分享

在孩子们的小社会里，也是要求平等、公正的，被欺负、受冤屈的感觉很不好受。

我上小学时，正是"文革"我父亲被批斗的时期，班里有几个男生总是欺负我，他们喊我父亲的名字，或者朝我扔纸团、吐唾沫。这些我还能忍受，但有一次，一位男孩子在自习课上骂了我，我站起来告诉老师，老师却说："我怎么没有听到他骂你？是你先骂他的，还是他先骂你的？班里这么多同学他怎么就骂你？"

幼小的我没有能力为自己辩解，只有委屈地哭泣着。而我是多么期望老师能够了解事实，公正地批评一下那个骂我的同学啊！

我想每个幼小的孩子被欺负、受冤屈的时候，都会有像我那时一样的心情，小树在被老师责问“你不打别人别人怎么会打你”时，心情肯定也很难受。

我们也知道，绝对的公平是没有的，这个世界本身就充满了不公平。但在孩子被欺负、受冤屈的时候，我们首先能够做到的是，理解孩子，相信孩子，并且尽量给予他一些心灵的安慰。

其次，我们可以让孩子以后有机会的时候，能够再对老师、同学讲述这些事情，争取得到他们的理解与认同。

孩子在成长过程中不可能不受一点委屈，但是经常把委屈压在心里，就会改变他们的性情。

所以有机会，一定要鼓励他们说出来，并且给予他们一些安慰和帮助。

☆帮孩子喂养一只小动物

1993年5月3日

小树想要两只小鸭，他看到邻居家的孩子海南有两只小鸭很好玩。他也一直很喜欢小动物。

早晨送他去幼儿园时他说："给我也买两只小鸭吧，我给他喂馒头，给他用水洗澡，让海南大吃一惊。"

下午我接他的时候，他还在想着小鸭的事情，舍弃了平日在幼儿园的玩耍和买小食品，催着我去买小鸭，说要不就买不到了，说他早晨看到立交桥下面有人卖。

我载着他到立交桥下面转，要他看到有卖小鸭的就说一声，我就停下车子。他认真地说："好，妈妈，我看到一定告诉你。"

他认真地看着、找着。我载着他转来转去，心里被他的这一要求感动着，我很想即刻就遇到一个卖小鸭的，好满足孩子的这一愿望。

但我们转了一大圈，也没有看到有卖小鸭的，只好失望地回家了。

没有买到小鸭，小树回家后，把一只鸡蛋放到了一只棉手套里，搁在卫生间的一个角落，说是要孵一只小鸡来养着。我让他每天都去看看有什么变化，他忍不住，总是想起来就过去看一次。

我们这样也许孵不出小鸡来，但可以增加一点对鸡蛋怎样才能孵化出小鸡来的了解。

小树妈妈与家长们分享

为孩子买一只小猫、小狗、小鸭子或小兔子，让他自己每天去喂食、清理卫生，观察它的成长，能够让孩子身心受益。如果有些事情孩子做不了，如清理卫生，大人可以帮他做，让他慢慢地学习。喂养小动物有很多好处：

一、能够让孩子养成勤劳、有序的生活习惯。

二、能够引发孩子与动物之间的感情。

三、能够让孩子在观察动物的行为中，学习一些生物知识，也更好地认识、了解自己。

有一年，一位朋友送了我们一对灰色的小兔子，我们把它们装在一只铁丝笼子里，养在了阳台上。铁丝笼子下面放一个大塑料盆，兔子的粪便都落到了盆子里，只是每天都需要清理盆子。我把喂兔子的任务交给了小树，他很热心，也很负责，喂兔子的时候还不时地跟兔子说话。只是兔子听不懂他的语言，兔子发出的声音他也听不懂。

"我想听懂兔子的话。"他跟我说。

我找了一本《所罗门王的指环》，给他讲了一个古代的神话：

"据说，所罗门王打造了一个指环，把它戴到手上，就能够听懂各种动物的语言了。"

"妈妈，你也给我打造一个吧！"他恳求我。

"我可没有那种神力，等你长大了，自己打造一个吧。"我无奈地说。

"我什么时候能长大？"他很渴望长大了。

"一天天地就会长大了，你看咱窗前的杨树，不是一年比一年高大了？"我肯定地告诉他。

☆让孩子遇到优秀的父母

1993年5月6日

电视剧《唐明皇》播到最后了，将士们要杀掉杨国忠。小树一直坚持看，看得出他都能看得懂。

今天爸爸跟他一起看，看着看着爸爸睡了，小树却还在认真地看，一副很投入的神情。

杀掉杨国忠就要杀杨玉环了。我问小树："你觉得应该杀掉杨国忠吗？"

他点头。

"应不应该杀掉杨玉环？"

他摇头。

"你说说理由。"我启发他，"是不是杨国忠做了些坏事？"

"是。"他肯定地回答。

"那杨玉环也做了些不好的事情，怎么不杀她？"

"她漂亮。"他在我的耳边说。

我忍不住笑起来，小树的爸爸睡醒了，也跟着一起笑。小孩子也喜欢漂亮的人呢。

我在想，小树的天性和父母给予他的人文影响都使他更倾向于爱生命、爱美和爱理想，他以后不会成为一个残酷无情的人、卑鄙奸诈的人，但他也肯定会因为理想与对人对美的爱而受苦，失去一些只有强力和无情才能得到的东西。

我还在想，要做一位好母亲，要让孩子在多年以后回忆起他有一位好母亲，不仅需要一颗爱子之心，还需要在人性的诸多方面修养自己，在文化的诸多方面修养自己，要先使自己优秀地站在人前，站在孩子的面前，充满了智慧、学识、良知和慈爱。

小树的幼儿园有一个叫杨龙的小男孩，他的父母从来不给他讲故事，不对他进行一些行为解释、生活常识教育，只是让他吃饱、睡好，长得又黑又壮。这个孩子与其他孩子很不一样，他不懂礼貌，不会做操，不时地骂很脏的话，还打小朋友、吐唾沫，所以其他小朋友与他相处得不太融洽。我有一次接孩子，小树就对我说："杨龙讨人厌，谁也不跟他玩。"

我说："不能这样呢，他跟你们一样大，都是小孩子，要互相帮助，做好朋友呢。"

小树说："老师都这样说他。"

在幼儿园里，孩子们对人、对事物的看法，很受老师的影响。

杨龙的处境一方面让我很同情，一方面也让我告诫自己："要给孩子一个优秀的母亲。"

父母亲不只给予了孩子基因，给予了他们家庭环境、自己的生存经验、学识、为人处世，也给予了他们自己的社会地位。

小树妈妈与家长们分享

贫寒的家庭，有时会让孩子因为经济拮据而感到自卑。

残疾的父亲、母亲，有时会让孩子感到人生的缺陷与难堪。

而有钱，却没有给予孩子良好行为教育的父母，也会让孩子粗野、无知、无礼，被同龄人厌恶与敌视。

父母亲都希望拥有聪明、健壮、优秀甚至天才的孩子，却很少去想：要让孩子幸运地遇到优秀的父母。父母们没有这样去想，便很少这样去要求自己，去为此学习和努力，他们便只在平平庸庸、稀里糊涂的人生中，抱怨着不成器的孩子。而那些这样想过，并且努力去做过了的人，他们的孩子顺利地成长了起来。

其实这是本与末的问题，要让孩子聪明、健壮、优秀，首先要让孩子遇到聪明、健壮、知情达理的优秀父母。

这正如没有鸡，哪里能有鸡蛋，没有良种，哪能有好稻米一样。

我在家庭教育工作中接触到很多的父母，发现那些能够善解人意、乐观、智慧、助人的家长，他们的孩子一般也都成长得很好。

而在我了解一个个健康、优秀孩子的家庭情况时，也发现，他们几乎无一例外地拥有慈爱、勤劳、智慧的父母，即使他们来自贫困的农村，父母亲没有什么学历，整年在家种地，他们也是深明事理、勤俭持家、四邻和睦、受人尊敬的人。这些孩子健康、优秀的根本原因，在于他们有幸地遇到了优秀的父母。

教育家斯宾塞先生发现，几乎所有成功的孩子，在他们受教育的历程中都幸运地遇到了好的引路人，有的是他们的父母，有的是他们的老师，有的是他们的朋友，有的可能只是大自然的一个特殊的环境。而所谓“失败”的孩子则一般是由于各种类型的粗暴者、不快乐者、有劣行者所导致的。他列举了下面几种孩子早期遇到并且影响了他们生活的人：

1. 对教育完全不懂而又缺乏同情心的父母
2. 对孩子教育从不负责的父母
3. 严厉而刻薄的老师
4. 凶猛而无知的同学
5. 俗气而愚昧的亲戚
6. 已经变坏的兄长
7. 长年不得志、内心阴暗的老师
8. 粗暴、武断的长辈
9. 有遗传的精神变态家庭

每一个孩子都是由父母带到世界上的。父母们也许都是挚爱孩子的，对他们的成长深怀美好的期望。但是今天我想告诉大家，仅仅有爱是不够的。在我们开始为人父母以后，一定还要开始学习，学习做父母的知识和经验，也学习避免一些错误和危害。

☆家庭，孩子生病时的第一门诊

1993 年5月8日

小树的爸爸出差了。下午，我早早地就去接小树。他刚睡起来，脸红红地站在幼儿园的小床上。看到我进来，他很高兴，我很少这么早就去接他，他笑着说："妈妈，你摸摸我的头。"

我一摸他的头，很热，不像是睡觉热的。我领着他赶紧到幼儿园的卫生所去量了体温，37.4℃，是感冒了还是什么原因？我得载他去医院看看，因为孩子的病情一般到晚上会发作起来，而如果今天晚上发起高烧来，只有我自己一个人看护他了。我最害怕的就是他生病，做母亲的那份心疼、紧张、焦虑不同于医生对待病人，我无法超脱，总是看着孩子难受紧揪着自己的心。

我的心隐隐地慌起来、疼起来，我极力镇定着。到了医院，我跑上跑下地为小树求医、问药、交费。医生诊断为普通伤风感冒，我稍微安了些心。

回家的时候，天色已黄昏了，在匆忙的人流中，我骑着自行车，感觉自己特别无助。有谁能帮助我一下？我这样自问着。

晚上小树还是烧到了39℃。我起来给他物理降温，用酒精给他擦手心、脚心，再在额头上放块湿毛巾。我也不时地让他喝水。小树的脸、耳红着，呼吸开始有些急促。我给他服了一片退烧药，又往肛门里放了一粒退烧栓。我怕他降不下体温来，每半个小时就为他量一次体温。

已经是夜晚10点20了，我想如果再不退烧，我应该怎么办？小树这样发烧不能坐自行车，我怎样带他去医院？这时候谁能帮助我一下？我一边揉着胸口，一边想着求人帮助的事情。小树爸爸不在家，一个人带孩子真是难啊，那些单亲的家庭应该比我更难。

小树终于出汗了，开始降温，沉沉地睡去。我松了口气，抚摸着他汗湿的头，躺在他的身边可以歇一会儿了。墙上的时钟已经是午夜12点。小树在一天天地成长着，但这成长有时也是多么艰难啊！

小树由于难受，不断地翻来覆去，我不时地为他量体温，亲着他的脸。我说："小树，妈妈真不愿你生病啊，妈妈宁愿自己生病也不想让你生病。妈妈多么疼爱你，你知道吗？"

小树在高烧中点着头，紧靠着我涌下了眼泪的脸。

1993年5月9日

生病的时候，小树总是很听话，无论是打针还是吃药，我跟他说明白了，他都说好吧。但他只要病一好，马上就会活泼、好动起来。

上午去打针，我担心他冷，给他披了件黄条绒上衣，他说他是姚崇——姚相国。后来我要给他脱下来时，他坚决不让，还只让给他系脖颈处的一个扣子，让衣服像披风一样飘荡起来。我们吃饭时，他不舒服吃不下去，我听到他在桌边说："唐明皇是最早当皇帝的，他当了很长时间，我也要最早当皇帝。我也不退位，一直到我老死了，我才让别人当。"他这里说的最早大概是很年轻的意思。

我忍不住笑，心想怪不得古代的那些君主都是终身制呢，这么小一个孩子都这么想。

生命的永久与意义，是谁都向往的。

晚上睡觉时，小树还是不肯脱下他的"黄色披风"，他披着，并且说这是他的"披甲"，说他就是姚相国，他不说他是杨国忠。

他可能真看懂了《唐明皇》，并且在这些历史人物中有所选择，有着近乎大人一般的是非分辨能力。

我还是给他脱下衣服，对他说太热了，皇帝在睡觉时也脱下“披甲”来的。

“那你给我做一件真的披风吧，像皇帝那样的。”

“好的，我明天就给你做。”

“像唐明皇披的那样的吗？ 谢谢你，妈妈。”他高兴地问。

我看着他的神情很为感动，他是在通过皇帝的一件披风，向往、追求着一种精神。人们经常说小而有思大了就真能成事，但我怀疑我自己是不是真能把他培养成一个“皇帝”，因为我的最高的价值观念还不是做皇帝，而是为人类创造幸福。

小树妈妈与家长们分享

几乎每一个幼小的孩子都生活在家庭中，他们出现发烧、肚子疼、头疼、呕吐等症状的时候，最先感觉到的应该是父母亲。所以家庭是孩子生病时的第一门诊。

这个门诊也许是简陋的，没有什么专业的医生和医疗设备，但是它会给孩子最及时的处理。父亲或者是母亲，要做出相对准确的判断，孩子可能是什么病症，应该马上去哪一家医院、看什么科的大夫？

这最先的处理、考虑与决定，对生病的孩子来说是非常重要的。

无论是什么样的疾病，在家庭门诊，都要先为孩子测量一下体温。大部分的疾病，都会通过发烧表现出来。温度在38℃以下，只要尽快地赶往医院就行；温度在38.5℃以上，就要在去医院的路上，顺便为孩子做一些物理降温，如用湿毛巾沾一些白酒，擦拭孩子的前额、手脚，或者在额头上放一块湿毛巾，等等。同时，给孩子多喝点温水也能够起到降温的作用。

小孩子经常会出现外伤。他们好动，又不知环境里存在着的危险，不是碰了头，就是摔了跟头，还会触碰到一些尖锐的物体。孩子出现严重的外伤以后，一定要想法先止一止血，用干净的纱布或者是毛巾包扎一下，能消毒的就先消一下毒，以防感染。如果同时还造成了内伤，如骨折，或者感觉到肚子疼等，就要固定住受伤的部位，让孩子稳定情绪，不要乱动，然后赶往医院。

不正常的哭闹、脸红、拒绝食物，甚至呕吐，也是小孩子不舒服的表现，要仔细地观察孩子，尽早找出原因来。

爸爸和妈妈带孩子到了医院的门诊以后，要如实、准确地对医生讲述孩子出现的各种症状，然后注意倾听医生的分析、诊断，不理解的问题要反复询问，一定不要把孩子简单地交给医院就行了。对医生开出的治疗方案和药物，也要了解它们是否适合孩子，了解药物的功用和可能有的副作用。使用抗生素的时候，更要特别地注意，有些孩子就是由于医生过量使用抗生素，父母亲又无知和疏忽，损伤了孩子的听力，让他们永久地生活在了无声的世界中。

医院里的很多医生，也只知道同一类的病症大致应该怎么处理，他们面对的是众多的孩子，而不只是一个，他们有时会忽视了一个具体的孩子会有什么药物反应。还有一些医术和责任心都不很好的医生，他们可能会误诊，或者是为孩子治好了一种小病，却造成了另一种大病。

平日里，每个家庭都要准备一个医药箱，里面放上一些常用药物以备急用。比如，温度计、碘酒、纱布、创可贴、儿童感冒药、退烧药、消食片、复方新诺明，等等。

如果孩子由于吃雪糕、喝冷饮，或者季节变换造成了肠胃不适、拉稀等小毛病，就不需要去医院了，在家庭门诊就完全能够处理。如果要去医院，那就去看看中医。如果不去医院，在家里用红枣熬小米稀饭，熬得香香的、烂烂的，喝一两天就会完全好起来。

每一位疼爱孩子的父母亲，都要建立起自己的家庭门诊来，在岁月的风风雨雨中，不只是孩子的好伙伴，也是他们患病时最负责任、最有判断力、最坚持不懈的好“医生”。

☆不要把孩子推给老人与保姆

1993年5月21日

小树的姥姥姥爷退休后来到了济南。刚分的新房子还没有收拾好，没法搬过去，他们就暂时与我们住在一起，这样家里便有点挤。

我和小树的爸爸晚上睡得晚，小树和姥姥姥爷睡得早，所以便让小树跟姥姥姥爷一起睡。

小树不习惯这样，说了好几次要跟爸爸妈妈一起睡，让姥姥姥爷一起睡，但最后他还是跟老人一起睡了。早晨他醒了，叫我过去再陪他一会儿。不跟小树一起睡，我每天晚上睡得沉了，但心里也像少了什么。

昨天晚上，我睡下后，听到小树咳嗽了几声，这少了什么的心里立刻就悬了起来。我很想过去把他抱过来，又怕老人嫌我这么舍不得孩子。再说这边床小，小树的爸爸还支了张床。但我最后还是蹑手蹑脚地过去把小树抱了过来。我高兴得像个孩子，小树的爸爸睡在支起的床上也很高兴。

我和我的孩子睡到了一张床上，都感觉到了安心。我细想这种行为的原因，似乎是我只有亲眼看着孩子在身边才踏实、安心，我愿意看着他的每一点成长，不疏忽掉他的每一点变化。前两年我去上海学习，小树就送到了姥姥姥爷家，姥姥姥爷也很爱他，但他身心的很多细微成长、变化我都不知道。老人的很多人生经历、养育观念也与我有些不同。

我想，即使再艰难、辛苦，父母亲还是要把孩子带在身边，自己养育孩子。

小树妈妈与家长们分享

有着血缘关系的老人是非常疼爱小孩子的，爷爷奶奶、姥姥姥爷都是这样。帮助工作忙碌的儿女照料孙子、孙女，外孙、外孙女，也是我们中国的传统。但是无论怎样忙碌，父母亲最好还是自己带孩子，而不要把孩子推给老人与保姆。这样可以了解孩子的每一点成长，与孩子建立起亲密的关系，同孩子一起成长。

有一位母亲写过一篇博客《隔代教育的弊端》，反思了自己把孩子交给老人照看，只做周末父母的问题，因为她发现三岁的儿子由于老人的过度溺爱，已经开始形成了几个明显的成长问题：

每天要哄着起床；

做事情总拖拖拉拉；

动手能力差、什么事情都依赖别人。

在孩子的养育中，总有一些年轻的父母由于工作忙碌，或者是想让自己多一点悠闲时光，再或者是缺乏做父母的经验与责任等原因，把幼小的孩子推给了年老的父母或者是保姆照看，这样不仅使尚幼小的孩子养成了一些不利于他们健康成长的习惯，也影响到他们与父母之间亲密关系的建立，甚至直接伤害了他们的身心，为他们的人生留下了难以消除的阴影与缺憾。

在农村，那些进城打工的父母，也完全把孩子交由老人照看，这些大大小小的孩子被称为留守儿童。在四川、江苏、山东等农村地区，我看到过很多这样留守在老家里的儿童，他们在情感、学业、性格等方面，都已经出现了不同程度的问题。

我也曾经在孩子两岁左右时请过一个小保姆。小保姆叫秀平，是一位好心的朋友帮我介绍的。她小学没有上完就辍学了，说一口当地的土话。刚来那一个星期，她不会用煤气灶，不会为孩子洗刷奶瓶，不知道过马路看红绿灯，甚至不会洗澡……我要一一地教她这些事情。而我的孩子正处在学习语言、分辨事物、充满好奇心的成长阶段。在我每天上班以后，她所能做的事情，就是领着小树到大院里，在他玩耍、奔跑的时候在一边看着，免得他磕着碰着，或者被人拐走。秀平是个纯朴的农村女孩，她心底不坏，只是无知与没有能力。有一次她跟孩子一起上楼梯，孩子小走得慢，她便用力往上拉，结果把孩子的胳膊拉得脱臼了。所以有一天，当大院里一位孩子的妈妈跟我说："你家小保姆粗鲁地骂孩子呢，还动手打他。"我便马上就付了秀平工钱，给她买好了车票让她回家了。

其实把孩子交给像秀平这样的保姆照看，她们的语言、生活习惯、品德行为都在影响着模仿力、好奇心很强的孩子。

英国以往的那些贵族，一代代地都是严格地挑选进入他们家庭的人，他们更是严格地挑选王妃，以便后代传承优秀的基因。那些传统的贵族家庭，经过多少代这样的挑选，他们的男人真就大都是英俊健壮、行为绅士，女人大都是白皙美丽、身材修长、举止优雅……

孩子是父母、家庭最为宝贵和看重的。养育孩子不只是安全问题、卫生问题、陪伴问题，更是心灵问题、智力问题、行为习惯问题、道德品行问题。养育更不只是给孩子穿衣、喂奶，不让他们磕着碰着、上学有人接送这些事情，更重要的是父母要在亲身的养育中，与孩子建立起亲情，并且了解与分享孩子点点滴滴的成长经历。

当一个小婴儿啼哭时，母亲把他（她）抱在怀中，他（她）就会在母亲的气息里很快地安静下来，十个月的胎儿生活，他（她）已经熟悉并且适应了这种气息。没有人能够代替母亲。

所以，父母对于自己孩子的养育功能是任何人都不可能完全代替的。

☆怎样夸孩子

1993 年 5 月 26 日

晚饭后，跟小树走到立交桥下面，坐在春天的草坪上。这片草坪真好，周围满爬着藤类植物，有完全离开了喧嚣城市的感觉。小树一会儿坐不住了，起来四处跑着、玩着，我还是抱膝坐着。

清新的风吹起来了，天上的星星一颗也看不见。

我坐着，沉静又茫然。

小树又跑到我的身边坐下，他说："妈妈，快到冬天了吧？到了我就出去打猎，咱们好过冬天。"他在想象一个童话的世界。

"好，你去吧孩子。"我也进入了他的童话世界。

他便两手攥在胸前做骑马状，边骑马边打枪地奔跑起来。一会儿他打猎回来了："我打了一只老虎、一只兔子，还刨回来 10 个大地瓜。"

"好孩子，你真能干，这些食物足够了，够咱们过冬天了。"我夸他。

1993 年 5 月 28 日

"妈妈，是不是他妈的、他奶奶的、娘个腚……这些都是骂人的话？"我在厨房做饭时小树过来问我。

"是的，都是些很脏的骂人话。"我赶紧回答。小树这样问我是他在辨别、思考这些粗话了。有一个时期，他也从幼儿园里学了些骂人的粗话，他回家说时我批评过他。

“那王八蛋、放屁、狗屎眼，这些是不是骂人的话？”

“这些也是，但稍微轻些。你可别说这些骂人的话。”我叮嘱他。

“我知道。杨龙今天说这些话，老师批评他了。我今天在幼儿园，还有坐郭叔叔的车时都没有骂人。”

“你真是好孩子。”我夸奖他，又过去亲了亲他。

这两天他在好几件事情上开始克制自己了。我给他讲过韩信的故事后，他便开始克制自己了。他克制自己时很努力、很动人。

晚上，他坐在桌前，认真地画了一艘大轮船，自己取了个怪怪的名字叫我给他写上。“轮船的名字是：‘超装甲鸟速双骨妖军舰’。超装甲——比所有的装甲车都厉害，打不动；鸟速——在海上开起来像鸟在天上飞得一样快；双骨妖——你知道是什么意思吧，有一种妖怪叫双骨妖，我的军舰就是这样的……”我给他写上名字后，他给我解释着每一个字意，并让我再把他军舰的名字写到日记里。

他又把刚画好的军舰拿给爸爸看，对爸爸说：“这名字不怎么好听，但军舰厉害！”

画完了军舰，他已经有些困倦了，但还是克制着要求我：“妈妈，你再教我认10个生字吧，认完了我再睡觉。”

我在纸上写下了金、银、装甲、韩信、克制、信仰10个字，给他讲解了意思，又教他读了一遍，他便完全记住了。

“妈妈，我睡觉了。我能看到大脑里有这10个字。”他告诉我。

“好孩子，你有一种图画式的思维，像爱因斯坦呢！快睡觉吧。”我夸着他，为他的思维能力高兴着。

小树妈妈与家长们分享

这几年，市场上出了一些强调夸奖、赞美孩子的图书，所以有些家长便盲目地信奉、模仿起来。我经常听到一些母亲在孩子做完一件事情以后，非常随意地说：“好孩子，你是最棒的！”

我也看到过一个孩子为此而哭泣。那是一场儿童才艺比赛，一个七岁的女孩进入了决赛，她的母亲一直在台下为她高声喝彩，不时地挥手喊着：“好孩子，你是最棒的！”

但是决赛的时候，这个女孩刚上场就被淘汰了，因为其他的几个孩子要比她表现得更出色。

这个女孩站在舞台上有些懵了，她伤心地哭泣着说：“妈妈，你总说我是最棒的，今天我知道我不是最棒的！”

其实每个孩子都不是最棒的，即使是最棒的，他们也需要知道世界很广大，需要向他人学习，而不容易成为最棒的。但即使不是最棒的，他们的人生同样具有存在的价值，因为每个孩子都有着自己的个性与特质，他们只需要展现真实的自己就可以了。

所以，在日常生活中，父母夸奖、赞美孩子，只需要说：“孩子，你真能干！”或者“孩子，你尽力了，很了不起！”就很好。

父母也尽可能地不要把孩子与其他孩子做比较，不要给予他们很大的压力，让他们努力地去学习、做事情，成长为自己，能够感受生命的意义就很好。

☆心灵里要有一份虔诚

1993年6月4日

这里真安静啊！新房子坐落在山坡上，从宽大的窗户望出去，前面是一抹起伏蜿蜒的低坡，黛绿色的树木间闪耀着红瓦白墙的楼房。楼里的人大都上班去了，这整座山坡就像是只有我和小树两个人。

我坐在窗户前写日记，夏日早晨的阳光在窗户前照耀着，让我的心情宁静而且明亮。小树自己玩了一会儿，靠过来，站在我的写字台前眨着他纯真的眼睛："妈妈，你工作有十年了吧？"他突然问到了这个问题。

"十多年了，妈妈很早就工作了。"

"你是不是工作得很好，才上北京见的毛主席？"他曾经听姥姥说过，我插队时，去北京瞻仰过毛主席的遗容。

"是的，我很努力地工作。"小树用的是"工作"一词，而我当时在农村插队，干的是农活，叫"劳动"比较合适。

接下来，这个小孩子问的问题就更有趣了："毛主席死的时候是不是手里拿着笔，是不是还拿着枪？"

我一时没有明白他为什么这样问："毛主席是年老了，生病死的，手里没有拿笔和枪。"

"英雄纪念碑上的字就是毛主席写的。"他想到了他见过的一件有关毛主席的事情，在那件事情里，毛主席是拿笔写字的人。

"是的，毛主席的字也写得很好，他在很多方面都是个很了不起的人，所以死后人们把他放到水晶棺材里，让人们去瞻仰。"

“他很伟大？”

“是的，他在一些方面可以说很伟大。”

小树不再继续跟我对话了，他的眼睛从我们家的窗户望了出去，望着远处的山坡和阳光，望着那些历史与岁月留下来的东西。他的眼神里有一种小小的向往与敬仰。

1993年6月5日

看着小树忙碌的样子我在想，一个五岁的小孩子，他一天到晚都在干什么？他应该干什么？他最好干什么？他还没有生存的能力，不能掌握自己的命运，父母怎样才能给予他最好的养育？

中午我和小树的爸爸都在休息，他一个人在小本子上画了六张画，然后又在大厅里唱歌，很认真地唱，边自己作着词曲边唱。我半睡半醒地听着他的歌声。三点了，他走过来问我：“三点了，你还不起床？”

我赶紧起来。我起来以后，他又伸着长长的舌头问我：“你看我是不是唾沫都发白了，跟你讲故事时一样？”

我给他倒水喝，他问我：“你听见我唱歌了吗？你是不是很感动？”

“是的，妈妈很感动，我第一是喜欢你，第二是喜欢你唱的歌了。”

他很满意地又去忙他的事情了。

过了一会儿，他又去叫爸爸。漫长的中午，他一个人一定是很孤独的，很想有人跟他一起玩的。爸爸懒得不想起来，小树跑过来让我去叫他起来。

我教他一个办法：“你过去说，‘起来吧主人，伟大的事业等待着您哪！’他一定就起来了。”这句话，曾经是小树爸爸用来激励自己人生的“名言”。

小树过去大声地这样说了，爸爸真的一骨碌就下床了。

这几天小树咳嗽，一直不让他吃糖，他很馋很馋的。他也知道自己不应该吃，但是却不时地想到糖果，所以便把糖一块块地分给别人。我看到他在分给别人的时候有一次悄悄地咬下了个糖角。

今天小树分糖时，爸爸也发现了，他说：“你分给我的三块糖怎么都少了一个角？”

我对小树说：“今天你咳嗽得轻了，吃一块糖吧。”

小树接过糖，模仿着小品里的语气幽默地说：“不好意思啦。”

小树是一个很能控制自己的孩子，他明白的一些不能做的事情，总是努力地控制自己不去做。

他也很幽默、滑稽，我到厨房里烧水，脚一崴，差点滑倒，他大声喊道：“我的天哪！”

小树妈妈与家长们分享

让孩子的心灵里有一份虔诚，他们就会有一些喜爱、看重、向往的事物，并且知道感恩。

而如果什么都不以为然，他们就会逐渐地失去禁忌、敬重、羞愧，甚至廉耻。而失去这些，他们的生命里就会失去自我要求以及满足、幸福的感受。

虔诚就是对一些重要的事物要认真对待，有敬重之心。比如，对待生老病亡，对待大自然的一些规律，对待他人的善良与辛勤劳动，等等。在这些方面，父母日常的言行很影响孩子，如果父母对待重要的事物有一些虔诚的心理与行为，如尊敬老人、同情弱者，而不是虐待生物、轻视他人、随意违背一些社会规则，孩子就会感受到并潜移默化。

父母的信仰、价值观、人生观都会在日常生活中影响到孩子。如果父母信奉勤劳、谦逊是人生的美德，邻里和睦、助人也能够使自己获益，他们日常就会有些相关的言谈与行为，而这些言谈与行为就会影响到孩子。如果父母在有些事情上心怀虔诚，如经常为家人祝福、祈祷，对爱情、婚姻忠诚，他们的孩子一般也会这样。

我曾经接触过一个什么都不以为然的孩子，他的父母有钱有势，也很娇宠他，所以他很受影响，在学校里不认真学习，看不起老师，看不起其他的同学，遇到麻烦的事情，他的口头语是："嘿，没什么了不起，我爸都能摆平。"

这个孩子肯定是平日很受家庭的影响，也许是父亲，或者其他的人，经常以这种对什么都不以为然的口气说话、处理事情。这样的孩子也总有一天会遇到他的父亲摆不平的事情。

在我们生存的世界上，有着复杂的文化、严谨的科学、生老病亡的自然规律，它们都是需要付出心血才能够掌握，需要有敬畏之心；只有这样，我们才能区分事物的价值、认识到生命的宝贵，也才能由此去感受人生的痛苦、努力、喜悦、幸福，等等。

☆成长中那些艰难、无奈的时刻

1993年6月6日

天气这样热，早晨的风都吹不凉城市的房屋和马路。但是小树的手却很凉，他说恶心，然后无力地坐在地上。

“小树，你怎么了？你哪里不舒服？”我跪到他的身边问着，轻轻地握着他的手，用额头感觉着他的温度。我在心里想，孩子，这是妈妈最高贵的仪式，她俯下来守护着你。城市里的人继续走他们的路，在你还这么幼小时，在你病了、疼了、不舒服时，只有爸爸妈妈陪伴着你，不离开你。热风继续吹着，人们继续走他们的路，我轻轻地安抚着你。妈妈小的时候得过一场大病。妈妈的妈妈上班去了，我便坐在门前的太阳底下，望着金黄色的太阳。太阳照耀得我黄黄的，我吃不下身边的食物，便把平日很馋的一包糖都分给了弟弟、妹妹吃了。我不知道为什么自己不喜欢吃了。

我经常给你讲自己小时候的一些故事，记得讲了这个故事以后，你认真地问：“妈妈，馋是什么？”然后你还问：“妈妈，妈妈的妈妈为什么对你不好啊？”问得妈妈的妈妈都流下了眼泪。

孩子，你说你有一个好妈妈，她总是在你最需要的时候放下别的事情来满足你。她不能满足你的时候，总是耐心地告诉你她的能力有限和不能满足你的原因。

幼儿园的门就要在眼前关闭了。孩子，我们现在不去管时间，不去管上班。我也不去管我已经跪麻了的腿，我只管你。你的脸色黄黄的，无力而且迷茫，像我小时候生病时的样子。你这么小，但你是我在这个世界上最重要的，比我自己的生命都要重要。

我采下身边的一片丁香树叶子。这种树从根到叶子都很苦，但是它开出的白白的花散发着浓郁的香气。

1993年6月11日

天闷闷地阴着。我从幼儿园往回走着，走到了我和孩子刚才蹲过的地方，闭了闭眼睛。生活里很多很多筋疲力尽、无可奈何的时候，我都这样闭一闭眼睛。我背上汗湿的衣服已经干了，体力和精力在付出之后是这么疲惫倦怠。我真想倚着墙颓坐下来。我看到我脚上的鞋子已经露出了两个脚趾头，这是一双很舒服的网眼鞋子，我不舍得扔掉，又没有时间修补。春节的时候，一位很有思想的朋友穿了一身脏旧不堪的当年插队北大荒时穿的棉衣，我当时还同他开了个玩笑。现在想起来，生活真应该这样反一反了，用这样的方式来表达一下心情。何况我一直是个干净的、讲究的人，我现在穿这样的鞋子也是一种必然，是另一种同样属于我的文化。

我的情绪好了一些，自己疗养着不时的创伤病体。我但愿小树那弱小的能力也能很快恢复，很快地高兴起来，不再像刚才那样。刚才我给他吃了一大堆药，大夫说他身体不达标，缺乏一些微量元素。今天早晨我们吃药时，班车已经开动了。我抱着他、拖着他快走，急急地去赶车，他连拖鞋都没有顾得换下来。满班车的人都在等我们、看着我们。汗水涌了我一身。下了车，我拉着他的手往幼儿园走。他一边不情愿地走着，一边说他恶心。最后他在路边蹲了下来，我和他一起蹲着。我看着他，他不肯再走，用手在抠水泥路缝隙里小小的沙石。我想他恶心也许是刚才坐车的原因，走一走或者我抱他一会儿就会好了，我便这样告诉他。但小树不肯。时间在流逝着，我有些着急了。我抬头看着幼儿园就要关上的大门和身边匆忙的人流。

“今天有图画课，你不是喜欢画画吗？ 快去吧。 你这样不让抱也不自己走怎么办？”

我急躁起来，我想小树可能是又不想去幼儿园了。

他抬起头来软软地说：“你别计较了好不好？ 我也不知道怎么办。”

他的眼睛里满是软弱无力而根本没有别的意思。 我的心一下子酸痛起来，我抱起他来：“好孩子，一会儿就好了。 妈妈把你送进幼儿园去，你在里面多喝点水就好了。”

小树顺从着我的话。 他走进班里时一副茫然的表情，这表情留在了我心中。 我在我们忧伤过的地方流下了眼泪。 到了办公室，一上午我都受着早晨情绪的影响。

天气阴沉沉的，我眼前不时地出现儿子蹲在地上与我对话的情景。 我望着幼儿园的方向虔诚地想，孩子，你还很小很小，你是否有能力疗养好你每次的病痛和不快？

小树妈妈与家长们分享

母亲们在养育孩子的经历中，大都会有我这样的一些艰难、无奈的时刻。

我经常与一些母亲们聊天，她们在孩子一天天成人之后，最难过的是孩子幼年时，那些没有做好的事情，它们是母亲们心中永远的痛苦。

我也有很多没有做好的事情。 在儿子两岁的时候，我离开他去上海学习，为他留下了一次次分离的痛苦；在儿子上幼儿园的第一天，我没有中午去看看他，让他早停止哭泣与不安，喝上一杯水；在带他参加一次聚会时，没有注意到他喝了一瓶冰镇的饮料，伤了胃，好几年都不能吃雪糕之类冰凉的食物。

这些没有做好的事情，有的是因为我无知，有的是因为我没有能力，有的则完全是由于我粗疏的过失。

我经常想，母亲其实是与孩子同年龄的，是在一天天相伴着成长的，也是需要不断学习的。从有了孩子算起，到今天，我已经是一位二十五岁的母亲了，才有了这些经验与认识。

我也经常想，如果让儿子变小，重新养育他，我会做好每一件事情。

☆父母在养育中的分工与职责

1993 年 6 月 15 日

从临沂回来，社里的车刚在大院里停下，小树就从窗户看到了我。他喊了声："妈妈！"我循着他的这呼喊上了楼并且心中涌满了欢乐，真是没有什么能比得上这深切的思念和毫不掩饰的欢乐了。小树扑进我的手臂，我紧紧地拥着他，我的小小的孩子，妈妈就是循着你的需要回来的，无论何时何地，只要你需要、呼喊着妈妈，我都会感动和欢乐地为你而来。母亲就是为了孩子而存在的，家庭就是为了孩子而设立的，还有什么能比这更为重要的呢？为孩子就是为母亲自己！我掏出为小树买的书和一件泥塑，泥塑是一个孩子在用奶瓶喂一只小狗，另一只小狗在孩子的后面咬着他的衣角也要喝奶。

小树把泥塑摆到床头上看着说："是不是我要是把它打碎了就是不爱护妈妈？"

他还问我为什么给他买书、买泥塑。我说因为妈妈爱你、喜欢你。他继续问为什么爱他喜欢他，我说因为你是妈妈的好孩子。

"为什么我是你的好孩子？"他还是继续问，他是个喜欢问很多为什么的孩子，他总是想了解事物更深、更本质的原因。

我重复着上面刚说过的话。他却说："是不是因为我快过生日了？"

"是，是的。"我答应着，没有想到他问了这个问题。

小树就要五岁了，他这个月底过生日，我已经跟他说过，在他生日的时候，要为他买礼物。

小树的爸爸说我去临沂后的当天晚上小树哭了，说他想妈妈。爸爸就教他把一首歌改成了："想妈妈，这点痛算什么，擦干泪不要哭，因为我们还有爱……"小树改完后就一遍遍地唱。

第二天早晨吃饭时他又说想妈妈了。爸爸问他："你是真想妈妈了吗？"

他站在门边说："真想，不可忍受。"

两年前，我去上海学习把他留在姥姥家，那些分离的痛苦也许在他的心里还留有创伤和阴影。

"为什么妈妈出差你就想妈妈，爸爸出差你不想爸爸？"爸爸问他。

"你不如妈妈好。"小树如实说。

"我哪点不如妈妈好？"

"比如说吧，妈妈出差回来都给我买玩具，你就不给我买。"

这是一个事实，爸爸无话可说了。

小树妈妈与家长们分享

母亲要孕育胎儿，为孩子哺乳。父亲一般承担着一家人的社会、经济责任，并且在母亲怀孕与哺乳期间提供保护。

人类以外的动物，父母也是有着分工与不同的作用。大部分鸟类在每年繁育时，都是雌鸟在巢里用身体孵化，雄鸟则飞来飞去地把捕到的食物带给雌鸟。幼鸟破壳而出以后，雌鸟、雄鸟还要轮流为它们捕食、喂食。此外，雄鸟还要负责防御鸟巢周围的危险与其他鸟的侵犯。

父母有分工，也要互相协作，才能更好地养育孩子。

父母分工的基础来自于身心的特点。在孩子幼小的时候，母亲更适合照料孩子。当婴儿哭泣时，母亲把他抱在怀里，婴儿很快就能停止哭泣，因为母亲的气息是他在胎儿时就熟悉了的，能够让他感觉到温暖、安全。

那些在孩子幼小时离异，不肯抚养幼小的孩子，担心孩子成为自己再婚拖累的父母，都会给幼儿带来很多生存的艰难，甚至带来一生的缺憾。

父母的分工与协作是为了一个目的，就是更好地养育孩子，而养育孩子，其实质是延续他们自己的基因。

父母的共同职责主要有：

一、关爱、陪伴幼小的孩子。

二、为孩子的成长提供安全、稳定的家庭环境，提供基本的经济保障。

三、传递血脉、亲情与伦理。

四、传授基本的生存技能及文化和传统。

☆给孩子一个幸福的童年

1993年6月23日

小树洗了澡，用梳子在梳他又黄又软的头发。他从小一直不怎么长头发，在家里、幼儿园里，我与他的几位老师有时喜欢喊他“小三毛”。他把湿湿的头发都向后梳去，边梳边说：“以后别叫我‘小三毛’了，我把三根小黄毛都梳掉了。”

一个孩子的特性，是从小就能显露出来的。

1993年6月27日

金色的太阳在天上，
童年的欢乐在哪里？
星星在天上不说话，
妈妈你在哪里？
妈妈给了我欢乐，
妈妈在给我过生日。

今天是小树的五岁生日，早晨，他坐在椅子上自编自唱了这首歌。

唱完了歌，我们全家去了植物园。树木都是生长在大地上的，绿色的植物园很适宜今天的节日。

夏天了，植物们都吸收了充足的阳光雨露，茁壮地展现着生命。木槿花红红地开着，月季花有各种颜色，热带与亚热带的植物们互相缠绕着一片片的绿叶肥茎，菩提、芭蕉也繁茂地生长着，雨露滴打在芭蕉的叶子上。

我总是不忍采树上的叶子，就在地上捡了一片菩提树叶，擦干上面的泥水，夹到了书里。菩提是一种带有宗教文化色彩的植物，我很喜欢它，在小树的生日里收藏一片菩提树叶，有一份虔诚之心。

一直都是牵着小树的手走路。他长大了，今天自己走着，用语言表达着他对自然的感慨。他不时地还唱着歌，都是自编自唱。有一个这样的孩子在你的身边，眼见着他成长，欢乐着、歌唱着，引发着你对生命的感想，你的心应该是多么喜悦与欣慰！

傍晚，点起了五支红红的小蜡烛。我告诉小树："一个人如果能活一百岁的话，那么五支蜡烛就表示五年的生命燃烧过去了，到九十支蜡烛点燃了，就已经老了，剩下的生命就不多了。每个人的生命总是要结束的，要从生到死，就像这燃烧的蜡烛一样最后要燃尽，你说是不是要好好地爱惜生命？"

小树领会着我的话，点着头。

爸爸做好了饭菜，我们一起唱了《祝你生日快乐》。唱完了，小树说："祝妈妈快乐！"

"谢谢你，你让妈妈拥有了这样一个美好的节日。"我感谢着儿子。

孩子的生日真是母亲最重要的节日，心中总是蓄满虔诚、美好的祝愿，总是期望着孩子平安、快乐地成长，总是充溢着生命的亲缘与感动之情。

小树，我的儿子，你一天天地在妈妈的心愿里好好地成长吧。

小树妈妈与家长们分享

童年在我们每个人的心中，都是人生的开始、回忆的源头，它甚至潜伏下来，影响到青年、中年和老年的很多事情。

童年也会匆匆地就远去了，让我们再也找不到它，为我们留下一生的遗憾与伤感。

作为父母，不知你有没有想过，在孩子尚在你怀抱里的时候，你想给他一个怎样的童年？幼小的孩子还没有能力自主，他把小手伸到你的大手里，你会把他领向哪里？

自然，生存总要迫使每个孩子从小就去做一些辛苦的、不很情愿的事情，但你也一定得为他们留一些美好的回忆。童年就像一块还没有开垦的土地，你要带着孩子在上面播撒幸福的种子，并且让它们同孩子一起成长起来，为他的一生都带来幸福。

一、要让孩子痛快地玩耍

在一处儿童活动中心，我见过这样的一个场景，一个六七岁的女孩在又哭又闹地反抗母亲，她在这边学绘画刚刚结束，母亲又要带她赶往另一个地方去学古筝。每个星期都是如此。母亲想要女儿多才多艺，女孩却渴望一点点玩耍的时间。

给孩子一点玩耍的时间，不要把他们童年的时间都让学业填满，这是父母亲能够做到的。玩耍能让孩子感觉自由和快乐，如果他们在童年没有享受到这一点，那么他们长大了，就很难再有纵情玩耍的时间，而且长大了，童年的兴趣也就失去了。他们的人生里就永远不会再有自由和快乐的感觉。

二、跟孩子一起做他喜欢的游戏

在现代家庭里，孩子的伙伴只能是父母，而跟伙伴一起做游戏的那种快乐难以形容。

小树小时候最喜欢的游戏是捉迷藏。他对于藏起来让我们找不到有种种的设想，他为这些设想痴迷。他藏到床底下、纸箱子里、衣橱里、窗帘后面……他喜欢的也许是一种神奇的隐身术，如果可能，他甚至可以藏到冰箱里。每一次，在他躲藏起来以后，他是如此专注、兴奋，缩着手脚、屏着呼吸；而在他被找到的那一瞬间，又是如此沮丧。

我总是拖延着找出他来的时间。我会在走进房间之前，先嘟哝着："藏到哪里了？还真找不到了呢。"我这样一说，他就把自己藏得更严实了，心里也就更为得意了。

一直到上了初中，他还是喜欢无休止地捉迷藏。不过这时他在家里已经藏不住了，我们都是到后面的树林里去玩这种游戏。他会把他的衣服脱下来，披到一棵树上，玩金蝉脱壳，让我找到的只是他的衣服。

跟孩子玩游戏，父母亲也可以尽情地投入，重回童年。

游戏能让孩子领会初步的生活规则，也能够让他们和父母更为亲密。

三、要让孩子享受一些美食

食物永远是孩子的第一需要，他们终生都会记住小时候吃过的最美味的食物。

一位农村的孩子记得每次赶集，父亲为他带回的又酥又香的油条。他以后上了大学，来到了大城市，以至成了一个老年人了，还是不时回想起父亲赶集回来、掏出油条给他时的情景。

城市的孩子会记得他们吃过的肯德基汉堡或者街头上烧烤的羊肉串，也许还会记得母亲烙的葱花油饼、包的肉馅饺子。

我一直记得小时候吃过的西红柿。那时候我们家住在一所学校里，校园里种了很多西红柿。母亲总是买回一些，洗好了，放到凉水桶里浸着。我放学回家以后，又热又渴，捞上一个来，那又红又甜的汁水会顺着嘴巴流下来。

除了让孩子记得一些美味，还要在童年给孩子打一个饮食的基础，让他们品尝到多种食物，留下丰富的味觉，以便在日后容易接受它们。孩子在小时候没有接触到的食物，成人以后就会吃不习惯，或者没有胃口。

四、给孩子买一件他久已向往的礼物

人有向往更多、更好事物的天性。小孩子永远会有自己渴望得到的事物。男孩子可能想要一辆仿真的、多功能的装甲车，女孩子可能想要一条镶着蕾丝花边的裙子。如果有条件，就去买回来，满足他们一次。

如果孩子想要一本书，也去买回来，在扉页上写一行期望和祝福的话，送给他们。

在节日或者生日，能够收到父母亲的礼物，是孩子的幸福，在他们的一生中，还有谁的礼物能够这样盛满爱意，只为了他们的渴望和喜悦呢！

我有一次问儿子，他都记得我送给过他什么？他说记得呢，有一次我送给他一盒巧克力，是各种汽车样子的，他那时候特别喜欢汽车，这巧克力汽车又好看又能吃，他就一直记在了心里。

五、给孩子过一个难忘的生日

这样的生日可以很精心，也可以很简单。父母亲可以采取一些孩子喜欢的方式。比如，熄灭电灯，点上蜡烛，形成一种有点虔诚、神秘的气氛，然后给孩子送上礼物，一起拍手唱起祝福的歌。再比如，带孩子去郊外野餐，在清新的自然风光里祝福孩子。还可以同孩子一起看一场电影，或者做一次探险。

小树上大学以后，生日就不能回家了。但我会买一盒巧克力，或者几袋他喜欢吃的杏仁、开心果，然后再写一封信放到里面，托快递公司正好在他生日那天送到他的宿舍里。今年的生日，我寄给了他一本精装的《哈勃的星空》，他选了宇宙学方面的课程，正用到这本书。

只要用心设计一下，父母亲都会给孩子一个难忘的生日。

除了生日，在清明节、中秋节、春节等传统节日，也让孩子感受一些仪式与气氛，为男孩子买点烟花、鞭炮，跟他们一起到院子里燃放；为女孩子买一身新衣服，教她们做贺年卡、剪窗花；也可以跟孩子一起做面点、包水饺，带他们去拜访亲友、祭扫坟墓等。所有饱含亲情、有意义的节日活动，都会留在孩子们的记忆中。

六、让孩子有一次影响人生的感动

很多孩子的成长都与“榜样”有关，他们长期被身边的环境影响，或者突然被什么深深地打动。人生的感动能够影响一个人的心灵，进而影响他的人生观以及未来的职业选择。

一部电影、一本好书能够感动孩子。

一位父亲的宽容和承担、一位母亲含辛茹苦的背影也能够打动孩子。

甚至自然的景观、突发的灾难，都能够给孩子小小的心灵带来震撼。

那些成了科学家的孩子，大都是被一些神秘的事物激发了好奇心；而那些成了商人、企业家的孩子，往往是由于贫穷的逼迫，或者是对财富的向往。

如果一个孩子在幼年的成长中，从来没有被什么所打动；没有过一次泪如泉涌；没有热心地帮助过别人；没有发誓一定要做成什么事情，或者改变一个陋习、一处环境，那么他的生命里一定是缺乏了什么，他此后对于人生酸、甜、苦、辣的种种感受一定也会冷漠、麻木和迟钝。

童年的幸福的种子，是父母亲手播下的，它们会日渐长成一棵棵大树，并且在多年以后结下果子，为孩子繁衍出人生更多的幸福。而那些领受了这些幸福的孩子，一定也会把他们幸福的种子一代代地传播下去。

☆跟孩子玩家庭游戏

1993年6月30日

这篇日记是小树爸爸记下来的，我整理到了我的手记中。

早晨，蔚红坐班车上班去了，我在家里照料小树吃饭、大便，然后再送他去幼儿园。给他穿袜子时，他蹬腿玩，一下子蹬着了我的眼，蹬得我好长时间睁不开眼，直流眼泪。他看到事情比较严重，便向我赔礼说："对不起，爸爸。"

我看他赔礼了，便说没事了。

过了一会儿，我的眼睛好了，我们俩便去幼儿园。还没有出门，他突然唱起了："我们是害虫，我们是害虫……"

我便说："你真是个害虫，差点把我的眼睛弄瞎了。"

他听了我的话，只是调皮地笑着，没有说什么。但坐上车子，我载他走的时候，他却说："我不是害虫，其实我看妈妈倒挺像个害虫。"

这话说得出人意料，我笑着问："妈妈怎么是害虫呢，她又没有蹬我的眼睛？"

小树说："我觉得她有点像个害虫。"接着他问我，"妈妈害过你吗？"

这话又出乎我的意料，我又大笑，但看到他认真的样子，我也认真起来："妈妈没有害过我。妈妈是个好人，不是害虫。你也不是害虫，你是个好孩子。爸爸也不是害虫，也是个大好人。"

"对，我们家都是好人，没有害虫，强盗才是害虫呢！"小树下结论说。

“对。”我说。

晚上我接小树回来，走在路上，我说天要下雨了，我们得快走，别让雨淋了。

“是不是要下大雨啊？”小树问。

“看天气这个样子，可能是小雨，至多是中雨。”我看着天空说。

“怎么只下小雨和中雨呢，黑云滚滚，迷迷茫茫……”小树一边疑问着，一边形容着。

“没有那么严重吧？云彩只是灰蒙蒙的，算不上什么黑云滚滚，迷迷茫茫。”我纠正他。

“青岛恐怕黑云滚滚，下大雨了。”小孩子没有很多实际经验，是想象着说的。

“你怎么知道青岛黑云滚滚下大雨了呢？”

“青岛在大海边，刮龙卷风，龙卷风把海水刮得很高，最后刮不动了就落下来，就成大雨了。”小树按照他掌握的一些书本知识说。

“对，那青岛肯定下大雨了。”我附和着。

“烟台也下大雨了吧？”他又问。

“烟台怎么也下大雨了？”我不解。

“烟台也有大海，也刮龙卷风。”他有着同样的逻辑。

“对，烟台肯定也下大雨了。”

“台湾不也是个海岛吗？台湾肯定也下大雨了？”小树继续推论。

“对对，台湾是个海岛，肯定也下大雨了。”他的这一串推论让我很兴奋。那一刻，我仿佛感觉台湾真的下起了大雨，而且我像是听到了风声、雨声。

这个孩子不得了，他的想象能力、推理能力都不得了！

过了一会儿，他突然又作起诗来：

黑云滚滚，

迷迷茫茫，

大雨哗哗，

无路可走……

小树妈妈与家长们分享

小孩子都是喜欢玩游戏的，他们在玩游戏的过程中很快乐，也活动了身心，获得了一些生存的能力。现在中国家庭大都是独生子女，一个孩子不容易有同龄的玩伴，所以只能跟父母玩。

父母可以利用各种方式跟孩子玩，如猜谜语、捉迷藏、打雪仗、练口才等，都对孩子的身心很有益处。

我们家悠闲时经常开辩论会，一个人当裁判，另两个人就拟定一些题目进行辩论，如“人能不能战胜自然”“哪种动物最厉害”等。这样很锻炼孩子的思辨能力和表达能力。

我们也经常到后山上捉迷藏、打雪仗，孩子总是乐此不疲。

人类以外的小动物也喜欢游戏，我们可以看到街区里的猫、狗互相追逐玩耍。在非洲草原上，母狮也与幼狮追逐玩耍，通过游戏训练幼狮的捕食能力。

孩子们在与父母的家庭游戏中，还能够与父母进行语言交流，增进亲密的感情。

☆有思想感情的孩子才会学习

1993年7月10日

小树今天画了几张非常好的画，其中一张是黑黑大大的压路机被石头挡住走不动了，红红的太阳白白地照着这个不能工作了的庞然大物。在这张画中，他把在幼儿园学到的画技与他的思想表现到了一起。记得当时学画时，他一点也没有表现出有什么天分，但他能在学习之后，在某一个表现点上突然用上他学过的东西。这个表现点已经是真正属于他的了，这是他特殊的能力。

有很多技能看起来他都平平地接受了，甚至还不如其他的孩子，但他总能把它们运用得很不一般。

我让他把今天的画贴到了阳台上。

1993年7月14日

从幼儿园回家的路上，小树看到了一个打鸟的男人。他突然问爸爸：

“为什么要保护动物？”

“因为有些动物对人有益处。”

“保护不保护狮子、老虎、大灰狼？”这是孩子们印象中凶猛的动物，小树不知道它们应该不应该被保护。

“狮子、老虎嘛，是稀有动物，应该保护。”爸爸思忖着。

“那大灰狼呢？”

“大灰狼嘛……”爸爸一时没有想到它们对人类有什么好处。

“要是不保护大灰狼，让它们把那些吃植物的动物吃掉，那些植物就会被动物都吃光了，大自然就不漂亮了。”小树说。

“对！ 对！”爸爸高兴地说，因为他感觉孩子的思维与逻辑都太神奇了。

小树妈妈与家长们分享

生活中的每一事物都有着因果与本质，大人如果耐心并且有能力，在孩子面对它们的时候，一一地为他们讲解，他们就会逐渐地懂事起来，并且具有自己的思想和感情。

比如，深秋的天空中，不时地飞过迁徙的候鸟，父母可以为孩子讲解鸟类的生存与季节的关系，讲解人类与鸟类在食物、习性上的不同。孩子就会由此了解鸟类、人类的某些特性，了解生命的多种多样，甚至还会敬佩、同情天空中那小小的鸟儿。

一天天地了解着一件件事物，孩子就会知识丰富，并且开始拥有自己的思想和感情了。

而拥有了思想和感情的孩子，他们也就能够自我学习、自我教育。

他们知道了自己应该去做些什么事情，知道了自己的能力，他们也会想办法去学习、增长知识与能力；遇到困难或者犯了错误，他们也会进行思考，去寻求帮助、改正错误。

那些学习不好的孩子，大都不是笨，而是不会用脑；那些学习优秀的孩子，则是由于他们会使用自己的思想，来寻找办法、解决问题。

世界上的学问、知识、技能很多，一个孩子用尽一生也是学不完的，所以我们要教会他们思想，在他们拥有了分辨、选择与思考的能力以后，他们就能够更好地学习、使用它们了。

☆在模仿和理想中成长

1993年7月28日

与小树一起玩买东西的游戏。

小树骑着他的小车子问我需要什么，我告诉他以后，他就一趟趟地来回去买，每一样东西他都模仿着大人平日的行为认真购买，边买边哼着小曲子。看着他发自内心的快乐的样子，我真高兴。我用心盛满这快乐的情景，在岁月的风尘中保存下来。

1993年7月29日

早上去幼儿园时，小树带了一副玩具手铐和一支玩具手枪，这是男孩子喜欢的东西。他要我找块布条帮他系在腰间。班车到了出版社以后，我们步行去幼儿园。小树要我扮侦探，他扮黑猫警长，我们俩撑开胳膊假装在开摩托车。他腰间的武器不时地往下掉。我边帮他捡边开玩笑："警长，你的枪掉了。"

进了幼儿园的大门，班里的几个老师见小树这样，腰间丁零当啷地挂着武器，都忍俊不禁。一位老师过来跟他开玩笑，说他全副武装来上幼儿园呢。我看到小树一点也不笑，他还沉浸在刚才扮演的角色之中，很认真很投入的样子。

1993年8月1日

人大了，做事情也往往都是遵循着他们小时候的愿望。小树一直想做警察总部司令，他原来是想做一个警察，后来在下军棋的时候，发现司令最大，能管辖下面所有的人，便修改了他的理想，说他不做警察了，要做警察总部的司令。

今天我做了一盘炸虾片、一盘炸地瓜丝。他饿了，吃得很香，吃了一半过来问我这些食物都是怎么做的。我一一地告诉了他用的原料和油炸的过程。他说："等我当了司令，就给我的士兵做一顿这样的饭吃，等你给我带上。"

他说的让我给他带上，是说让我给他带上这些食物的原料。

吃完了他说："这些美味佳肴可真好吃。"

我说是你饿了的关系，吃什么便都好吃。

他说："对，饿了就是吃什么都好吃。"

小树妈妈与家长们分享

小孩子都是模仿着什么成长的，他们身边的人、有用的行为，还有一些他们崇拜、向往的人。模仿是人类特别重要的一项学习功能，刚出生一个多月的婴儿，看到成人做伸舌头、张大嘴的动作，他们就能进行模仿。

随着孩子的逐渐成长，他们还会学习、模仿更多的社会行为，如过马路看红绿灯、为别人精彩的演讲鼓掌、到超市购买物品，他们还会对职业、社会地位、生活方式等有所理解，并且期望自己以后能够成为哪一类人。

他们也不断地产生着一些愿望，这些愿望随着他们能力的增长而发生着变化，有一天，也许会成为他们真正要去实现的理想。

小树四个月的时候，就能模仿电视里的孙悟空，后来他又喜欢模仿黑猫警长。上学后，有一天他坐在地上看完了一本《人类战争故事》，突然对我说：

"我长大了，要发动第三次世界大战。"

我听后吓了一跳，很怕小孩子的话以后成为真实呢，赶紧问："你为什么要发动第三次世界大战呢？"

"要不我就当不了英雄啊！"他说出了要发动世界大战的原因。

虽然这个原因是好的，但我还是马上给他讲述了很多历史上战争的危害，也给他讲述了很多维护人类和平的英雄故事。"那些伟大的思想家、科学家，他们为人类做出了巨大的贡献，也是人类的英雄。你可以当这样的英雄！"我最后叮嘱他。

"那我还是当科学家吧。"他改变了他的一个理想。

父母要为孩子提供良好的环境与模仿的榜样，及时地引导孩子产生的一些愿望，让他们一步步地拥有自己美好、可行的理想。

☆成长总是让人惊喜

1993年8月9日

早晨起来，我照常到厨房里准备早饭，时间还早，我想做好了再叫醒孩子。

小树的爸爸昨天出差了，我正好省下了他的早饭项目。

过了一会儿，我走出厨房，突然看到小树已经穿戴整齐地站在卧室的门口。我很惊喜。

小树说："爸爸不在家，都是妈妈一个人在干活，我就自己穿衣服了。还有什么活？我帮着你干。"

他的这一番话，真让我惊喜不已，出乎意料其实又在必然之中。从小到今，小树一直在生活、读书及爸妈的影响中成长着，他开始成为一个这么好这么好的孩子了。

在你需要的时候，不用说做什么事情，就这么几句话就够你感动和慰藉人生的了。

父母给予孩子的家在影响着孩子，他们每天的生活、交流在影响孩子，他们的情绪、对事物的感受、认识也在影响着孩子。

晚上小树又帮我折叠好了床上乱放的衣服。我看着他的小手灵巧地活动着，他还边干边说："爸爸不在家，我就是爸爸。"

我躺在床上给好孩子小树讲故事。我讲了救生衣的颜色为什么是橙黄色的之后问他知不知道，他说是吓鲨鱼的，鲨鱼怕这种颜色。

我一看书还真是这样。我接下去问他喜欢什么颜色，为什么，他反问我喜欢什么颜色，要我先说。

我说：“我喜欢好多种颜色，翠绿、天蓝、原白的我都喜欢。”

小树想了想说：“我喜欢深绿、大红、翠绿、深蓝。我是不是喜欢的颜色比你多？”

我问他：“你为什么喜欢这些颜色？”

他想了想说：“因为深绿是小树的颜色，大红是花的颜色，翠绿是刚刚发芽的小草的颜色，深蓝是天空一样的颜色，可以在上面画白云，画小鸟。各种颜色都有各种颜色的用处。”他最后还对颜色的作用总结了一下。

他喜欢的颜色这么多，是因为他看到的世界上美好的事物多，是因为他的人生刚刚开始，而我的人生，大概是已经开始凋谢了。

1993年8月10日

山风吹动着窗户，有了秋天之感，也有了如我从前一个人出差到山区时的那种深切的孤独、悲凉，因而紧缩着自己的感觉。天怕是要下雨了，风带着尖凉和湿意。我望着身边的孩子：“小树，妈妈去倒垃圾，马上就回来，要不就下雨了，不能去倒了。”

他听话地答应着。

我提起垃圾桶快步地走着，垃圾要倒在大院外面的大垃圾箱里。天已经隐隐地黑暗了下来，风吹着我提桶的手有一股压力。我倒完了，往回走着，看到前面有一个孩子在奔跑，有点像小树但我不能肯定。小树怎么会出来了？家里有了什么事情？大院里已经看不到在外面的人了。这个孩子在干什么？

我迎着向我跑来的孩子，他正是我的孩子小树。他手里拿着一把伞朝我跑来：“妈妈，我来接你了，下雨把你淋在路上怎么办？”

他奔跑得急急的，风吹动着他软软的头发。

我拉着他的手，他才五岁多一点，是多么好多么好的一个孩子！ 他在我出门后，看到天要下雨了，想到妈妈要被雨淋湿了，便拿上伞冲了出来。

我提着桶，拉着他的手上了楼梯，能有这么好这么好的一个孩子，我心里涌满了惊喜与感动。 我看到他还在出门时，把门锁别了起来，这样免得没有带钥匙，风把门吹上。

这孩子是多么懂事、聪慧、爱人，他会成为一个多么理解生命、同情人、爱人的孩子！ 我感到他生命的某些地方真是像我，我也曾经这样地爱过呢，我爱过一只生病的母鸡，爱过祖母、弟妹、朋友、爱人，但很多很多的挫伤，使我已经改变了从前的许多这样的爱。

但孩子，我很怕你也受到挫伤，挫伤这生命中美好的心灵、品行。

"小树，要是真下雨了，你给妈妈拿了伞，妈妈肯定淋不湿了，但你自己也要打一把伞。"

我看到他只为我拿的伞，他小小的心当时光急着为妈妈着想，都没有想到自己。

我放下了垃圾桶，看到他又开橱把伞放了回去。

小树妈妈与家长们分享

细心的父母都会发现，为孩子换衣服、鞋子的时候，它们穿到孩子身上，又短了小了，孩子又长高了一截。

除了身体的迅速生长，我时常感觉并且为之惊喜的是小树心灵的成长。

他在父母的影响下，在阅读中，敏感地领悟着事物的现象与本质，产生着自己的思想感情，成为了一个特别懂事的孩子。

他经常与我对话，谈论季节的变化、动植物的生命，谈论人的一些行为。有时候，我甚至感觉是他的一些思想、感情在启示和帮助着我呢。他让我惊喜，感慨一个小生命产生的新意，以及他为我带来的对生命的认识和存在的意义。

我开始写一本《母性》的书，分析、认识人类爱情、婚姻、家庭以及父母的作用与意义。

我想，如果我们不养育小孩子，我们的行为是可以多么随意与无规则，可以拥有了今天，就不再考虑明天；可以一脚踢死一只小动物，而没有任何情感。

但是繁衍的本能和亲情，让我们具有了长远的人生考虑，具有了为孩子建设美好家庭、社会，甚至地球环境的动力。

我总是手握着废品，非要找到一个垃圾箱才扔进去。我开始喜欢、关爱所有的小孩子，因为他们是我孩子的朋友，是他未来的人环境。

我心里记着儿子说过的这些话：

"爸爸不在家，都是妈妈一个人在干活，我就自己穿衣服了。还有什么活？我帮着你干。"

"爸爸不在家，我就是爸爸。"

"妈妈，我来接你了，下雨把你淋在路上怎么办？"

它们充盈了我的心，让我惊喜不已，是我人生最大的幸福与回报。

我期望所有的父母亲都能拥有这样的幸福与回报。

☆什么时候出面保护孩子

1993年8月11日

夜色沉寂，我默默地忙着家务。小树又去外面玩了。我想着今天的一件为难的事情。

生活里有很多麻烦的事情我不怎么会处理，我只能按照我的观念来行事，但这样往往带来不太好的结果。

下午接小树回来，正好遇到昨天欺负他的一个大男孩，他指着那个大男孩告诉我："就是他骂我、吓唬我。"他这样说的时候身子还有些畏怯地靠着我。

我拉着他的手上楼，但他还记得那天他跟我说有一个男孩欺负过他时，我说过遇上那个大男孩要狠狠地批评他的话，他不肯往上走。他还在为昨天的事情委屈，想寻求妈妈的帮助。

我停住了脚，我很想保护自己的孩子，他被比他大的孩子欺负了。我犹豫了一下，还是缓和地批评了那个大男孩："你以后可不能再欺负小弟弟了，再欺负小弟弟俺可不让了！"

那个男孩子很粗壮，经常欺负这个院里的一些小孩子。但他的爸爸是我所在单位的一位领导，我的话肯定被刚刚下车的领导听到了，虽然我的声音很缓和，但为了小树要求平复的心，我还是用了批评的语气。

小树跟我一起上了楼，得到了妈妈的支持，他似乎满足了。但我却默默地在心里想着今后可能发生的一些问题，担心以后这个大男孩会不会再欺负小树，领导会不会听到我批评他的孩子心中不悦，等等。我想回家以后，我要把这些社会问题、人与人的关系给小树讲解一下。我很不愿意他这么小就知道这些，尽管小小的他已经进入了这些现实生活中。我也不愿意得罪那个男孩子，在孩子这个最牵动家长的问题上，造成一种心存芥蒂的后果。即使我的批评完全正当，我也不愿意，因为单位里的人都对领导的孩子说好话。

我隐隐地担心着。

昨天，小树从外面抽泣着回了家，说有个大孩子骂他、吓唬他，并不准他哭。他哭着回来了，满脸恐惧和委屈。我领他下楼去，一个旁观的孩子告诉我，小树把那个大男孩的蚂蚱弄坏了，那个大男孩骂他小兔崽子要揍他并不允许他哭。

我问小树："你是不是把大男孩的蚂蚱弄坏了，他才骂你的？"

小树摇着头不说话，只是哭，在他的世界里还没有听到过这样野蛮的粗话。

我便说："等我看见这个孩子，就狠狠地批评他。"

事情的来龙去脉就是这样，我不知道以后还会有什么事情。在孩子的小世界里，也有着不平等、力量的差异，有着恃强欺弱。

但小树还不能明白这些。

我想我也得教小树忍受一些。

忙完了家务，我坐下，给小树讲了一个富孩子与穷孩子的故事。穷孩子小时候几乎什么都比不上富孩子，经常受人欺负。但他好好学习，后来他长大了，当了将军，回来见到了富孩子，富孩子很尊敬他，他们成了好朋友。

我只能给他讲一个不很现实的现实故事。

小树妈妈与家长们分享

在走出家庭、开始进入社会时，小孩子难免遇到一些自己没有能力处理的事情，或者处于一些困境之中。这时候，家长是应该站出来帮助孩子、支持孩子一下的。

比如，大院里那个吓唬、威胁过小树的大孩子，小树自己是没有能力面对他的，甚至在遇到他的时候，会有一些胆怯和害怕。所以我出面批评了那个大男孩，在心理上支持了小树。

保护自己弱小的孩子是一种本能，也是家长的责任。

但是保护自己的孩子也要看孩子遭遇了什么事情，要以适度的方式，不要过度庇护甚至纵容自己的孩子。

我曾经看到过这样一个事例：一位母亲，她儿子与其他孩子发生冲突，或者与大人发生冲突时，她总是站出来痛骂那些孩子与大人。有一次坐车，司机看到她孩子开车窗，把上半个身子都探了出去，认为很危险，就严厉地批评了他。这位母亲看到司机批评了她的孩子以后，便与丈夫一起把司机骂了一顿，甚至威胁了他。

我当时就在旁边，看到这样的情景很诧异，其实司机批评她孩子的动机完全是好的，对孩子有益的，而这对父母却没有理解到。他们过度保护、纵容孩子的行为，对孩子的成长是不利的。

☆让孩子学会关爱和感恩

1993年8月20日

这几天幼儿园要分班了，送孩子往回走时，我有一种回忆的感动，不明显但是很深沉。它与我和孩子的成长有关，与我一步步地看着孩子走过的路有关，与我对孩子的爱和期望有关，它是我们与环境的关联。

小树还小，他对身边环境的变化、成长的经历也许还不能意识到太多，我对童年的一些事情也是在长大了以后才懂其意。所以我现在更明白一些他置身其中的事情。我很留恋每天接送孩子的这一段要走的路，这总是拥挤着家长与孩子的楼梯，这每天孩子待在里面的教室，还有孩子的几位善良、负责的老师。

又一个秋风飒飒的季节来临了，路边有了飘落的小树叶，一片白的、粉的、黄的矢车菊在幼儿园的草坪上自然地开了，风摇晃着它们，它们是这个季节一朵朵的美，很感动人。

1993年8月23日

小树分到了大二班。今天接他的时候，看到了他陌生的教室、老师和小朋友，我都有一种生疏感，小树适应了吗？他喜欢吗？我一边在想着，一边在一群孩子中寻找我亲爱的孩子。小树看到了我，他跑了过来，我没有看到他有什么不舒服与难过，他依然像以往我每次接他那样奔跑着，只是没有跑下楼梯，而是径直往这楼层的西面跑了过去。我跟着他，看到他跑到了原来的教室门前，这里像他原来的一个家呢，他手扶着门跷着一条小腿往里喊：

“董老师，严老师！”

两位老师都迎了出来。看得出她们真心地高兴，她们了解这个孩子的经历，都读过我写的一篇文章《走出月子》，跟我一样关注着小树的成长，陪伴着我和小树经历了这两年多的一些痛苦、泪水与欣慰的欢笑，她们特别喜欢小树这个孩子。

在小树跑回他原来班级的时候，我的眼泪又在他小小的身后涌了下来，这个孩子是个怀旧的孩子，而我也是一位重感情的母亲。我这是怎么了？这是为什么？我在感动的时候真是很脆弱。老师们一定见到了我的眼泪，她们说：

“这么近，就像没有分班一样呢，是不是小树？你和妈妈想什么时候过来就什么时候来。”

“谢谢你们，陪伴着我孩子成长的每一个人！”我诚恳地感谢着她们。

“谢谢老师。”小树也感谢着。

老师对于孩子和家长都是很重要的，在幼儿园时期，孩子并不很需要学到什么语文、算术、绘画、音乐技能，他们只需要能够善待他们的老师，不讨厌他们的顽皮，不呵斥他们的天真，在他们打架、吵闹、哭泣时能够安慰他们，保护好他们的心灵。

1993年8月19日

连续的身心劳累，晚上我突然发冷、手麻、心区疼。每次犯这毛病，都很恐惧，都警示自己：毕竟不怎么年轻了，不能太劳累了。

但三十七八岁，正是才思成熟的时候，不多做事情又很不甘心。

小树端来我的水杯，他爬上床，拉开窗帘，把杯子放到窗台我伸手可及的地方：

“你喝水的时候，一伸手就够着了。”

他学了我平日照顾他时说话的语气和放杯子的方法。

1993年8月24日

夏天的夜晚，我们一起出去散步。小树总是跑到我的前面，带着他的汽车或者“武器”。我们到后面的山坡上席地而坐，仰望幽深的天穹和点点繁星。萤火虫偶尔从我们的头上飞过，闪进不远处的小树林。我抚摸着小树软软的头发，想到他有一天会长大，我会老成一个老太婆，当我再走过这里时，我会想起他坐在我身边的样子。

草丛里的昆虫们在开它们的音乐会了，我握着小树的手感谢着他：“孩子，有你的夏夜真好，天穹饱满而又神秘，把我们装在它广大的故事袋子里，让我们也成为一个故事。”

我们回家后，小树睡下了，我心里还有一些想对他说的话，就写了下来：

“孩子，在你幼小的时候，妈妈曾经陪伴过你，你也同样陪伴过妈妈。生命是一条条的路啊，没有人陪伴的时候，你也得勇敢、快乐地走下去。

“当我想到这些的时候，我静得不知道说什么，我的眼里泪光闪烁。我这么大这么大了，时常还像个喜欢流泪的小孩子。妈妈爱的泪光像闪烁的萤火虫，闪进了你的生命里。有时候你能感应、领会到妈妈的心思，有时候你还不能。

“今天我叫你小树的时候，你叫我小妈妈。我真是这么小这么瘦的，我在与你一起成长。我会在你长大的背影下衰老下去，我会叫你大小树，你叫我老妈妈。我的心血流进了你的身心里，我好多好多的劳作有一天变成了一个高大强壮的你。

“养育孩子最好的营养是母爱，它在高大的身躯里也在瘦小的身躯里。

孩子，你不是有一天下雨时，看到妈妈一手抱着你、一手撑着雨伞，背上还背着行包的形象吗？ 妈妈还在夏天的夜里告诉一片嗡嗡响的蚊子：‘咬我吧，我不怕，只要别咬我的孩子。’我还在你病了时一个人载你上医院，白天晚上连续照顾你也不休息。 我还在很多的妈妈都入睡以后，为你写下这些文字，它们一笔一画都像我对你的无尽的爱，像一个瘦小的妈妈，用最大的精神力量呵护着她的孩子。”

小树妈妈与家长们分享

心灵的养育还有一个重要的内容，就是要让孩子学会关爱、感恩。

父母经常关爱他人，有喜悦、满足和感恩之心，就能教孩子学会关爱和感恩。

一位年轻的妈妈愤愤地告诉我，说她一直被一个问题困扰着，就是女儿不体谅他人，不知道感恩。 她的女儿四岁就开始学琴，为了考级、升学，经常处在被督促与严厉训斥中，后来考入了中央音乐学院，但心灵里却缺乏很多东西。 这位母亲是位单身母亲，与丈夫离婚后独自抚养着女儿，非常艰辛不易，所以她对几乎没有付出的丈夫充满了怨恨，她把这种情绪也传导给了孩子。

“她考试时需要演出服，我为她借，找人做，她都嫌不好，还说是我无能，跟我摔脸子。 从小到大，我为她付出了那么多，她从来没有说过感谢。 她好像谁都不爱，就爱她自己。”这位母亲举例说。

其实，关爱他人，不只是言行，而是心灵里要有爱。

孩子心灵里的爱，是在日常生活中养育起来的，他们首先要感受父母真切的关爱、周围人的关爱，然后积聚、形成自己心中的爱，再通过一些情景表达出来。

父母的关爱，也不只施于自己的孩子，还要关爱家庭以外的人，因为他们是孩子成长的人环境。

如果父母辛辛苦苦地让孩子学艺，把他们送去留学，进了名校，他们却一不如意就抱怨、责怪他人，甚至仇视他人、伤害父母，这就是父母没有养育好他们的心灵。

我是一个从小就重感情的人，又读了很多文学书、从事写作，经常为一些事物感动得涌泪，如街头上穷人的寒冷、医院里病人的痛苦，有时候仰望天空中那些结队迁徙的鸟儿，我也会心生感动。我的这些特点也传给了儿子，让他经常表现出一些怀旧、为别人着想的感情，今生，他应该是不可能成为一个凶残、置别人的痛苦于不顾的人了。

☆发现和引导孩子的特长、潜能

1993 年 8 月 30 日

今天看到晚报上的一则消息，一个被北京一高校录取了的学生，在不到 6 岁的时候，就能算三位数的加减法和认识上千个汉字。

我想到了小树，他今年 5 岁了，能认三四百个汉字和算一些简单的算术题了。他还没有达到那个孩子的程度，如果让他从现在开始强化学习，到 6 岁时应该也能达到或者超过那个孩子。

但我想，上面这些技能，还不如用电脑来计算、读写，孩子更应该掌握的是一些创造与使用工具的能力。他们还有一些更重要的认知能力，它们是在上面这两项内容之外的，是难以用计算来衡量的，如对事物的敏锐、准确的感应，对人的感情的理解，对一些复杂的人性的领会，对一些具体的生活现象的感悟和解决问题的能力。这些都是难以用统一的标准来测验的。

所以，我不急于让小树增强那些计算与识字、背诵的能力，而更看重那些无形的思想、感情的养育，它们应该是基础，是生存的大教育。

1993 年 9 月 7 日

为小树讲人类飞行的故事。

我说没有飞机以前，人们一直羡慕天空中自由飞翔的鸟，很想借助什么能够飞起来。有人尝试把羽毛插到身上，有人尝试从高处往下跳，有人借助强劲的风，有人跟着风筝奔跑……但是都没有成功。

“你想不想飞起来？”我问小树。

"想啊，我用胳膊使劲地飞也飞不起来。"他已经尝试过他的愿望了。

"你说人为什么飞不起来？"我继续问。

"因为人的胳膊小，身体重，人使劲拍胳膊也飞不起来。飞机身子重，翅膀也重，飞机还有发动机，靠空气把它引着、托着，发动机一使劲，速度就快了，就上天了！"小树这么完整地解释飞机起飞的过程，并且从床上站起来，用手比画着，他一定是仔细地观察过人和飞机的不同，在心里研究过。

他的这些知识都是平日我零零碎碎地讲给他的，但他把它们组织了起来，表达了出来，说明了飞机起飞的原因。

我亲了亲他的额头祝贺着他。

小树妈妈与家长们分享

每个孩子都有着他们从基因里传承的专长，这是他们人生存在的价值。但是父母们却往往按照自己的愿望去培育和要求孩子，而不是发现和引导孩子的特长。

在孩子幼小的时候，不要把他们限定在一项技能上，而要让他们去尝试、学习多种事情，充分开发、展现身心的潜能。

有潜能并且有兴趣，孩子才能把某项事情做到最好。

让马来捉老鼠就不如让猫来做这件事情，而让马去拉车了。这个比喻也许不很恰当，但每个孩子的所长使用不当，一是很难有所成就，二是会让他们感到为难、痛苦。

小树四五岁时，我送他去儿童活动中心学过绘画、弹琴，他学得很快，老师都很想好好培养他，但他自己不很喜欢，说他不想学了，我也就没有逼迫他。他的所长和兴趣表现在观察一些自然事物上，打雷、下雨的时候，他就喜欢趴在窗户上观察，有一次还找了根铁丝，说他要从天空中引一个闪电下来。还有对飞机、鸟类等飞行现象的观察。我就给他买了很多物理故事，引导他理解物理世界。还给他买了一架高倍望远镜，有一天夜晚，他在阳台上用它看到了凹凸不平的月球表面。

发现和引导孩子的特长、潜能，也需要父母有伯乐的能力，在陪伴孩子时细心地观察孩子的言行、心理。不然，即使孩子在某一方面具有特长、潜能，也只是掩埋在沙土中的矿藏。

更为不幸的是，有些父母只凭自己的喜好，而毫不考虑孩子的特点、潜能，就强行逼迫他们去学习一些技能。没有身心的特点、潜能与兴趣，让这些孩子除了极为苦恼，也难以有成效，还损伤了他们的自信心。

☆生活中总是潜藏着一些危险

1993年9月9日

德国一份妇女杂志做了一项调查，认为德国妇女有七怕，七怕中最怕的是家庭遭遇不幸。我由此在想，这也是我最惧怕的。在养育孩子的日常生活中，我的神经总是紧紧地绷着，像一根根的弦，天长日久，它们已经不很韧实了，我时常有种身体里某种东西就要绷断了的感觉，我必须极其谨慎地使用它们。

从前我也曾经为父母、兄妹担心，现在我为我唯一的孩子担心，他在我的担心中缓慢地成长着。

今天去幼儿园接小树时，老师告诉我小树爬栏杆摔了一下，当时摔晕了，后来好了。我领过小树来，见他一声不响，行动缓缓地，老师是很轻松地告诉我的，但我的心却被重击了一下。我没有看到小树有外伤，又急着赶班车，便领着他往外走。下楼梯的时候，小树一直叫我等着他，以往都是他一蹦三跳地在我前面，我赶都赶不上。为了不误车，我便抱起他往前走，他顺从地靠着我，说他头疼。我们上了车以后，他头一回靠着我斜坐着不动不闹了。车上有他同班的两个男孩子，他也一反往常地不被他们吸引，只是无力地靠着我。

“小树，你怎么摔着了？”我问他。

“我不知道。”

“你感觉怎么样？”

“头疼，不舒服。”

我忐忑的心又绷紧了。小树对发生的事情是从来没有说过不知道的，今天他说了不知道。他的头到底摔得怎样？我只能领会刚才老师跟我说的一言半语。无论怎样，老师与做母亲的是不同的。我不再问小树了，只是轻轻地安抚着他。我的心一直紧绷着，像是要绷断了。

回到家，我让小树躺下后，就去查医书，我想先不去医院折腾了，让小树休息吧。夜里他翻来覆去，说了两次头疼。一晚上我都紧绷着所有的神经。

第二天让小树留在家里休息。他下楼梯时还是喊头疼，但是神情活泼了起来。

1993 年 9 月 11 日

小树在家两天了，他又欢蹦乱跳起来，像是恢复如初了。上午请大夫看了看、查了查，确知没有什么事了以后，我才感觉轻松一点了。三天来一直绷紧着的神经已经使左胸侧面隐隐地疼了起来。

“孩子都是在妈妈的关爱下长大的。”我跟小树说。

我抚摸着他汗湿的头发说：“没有妈妈担忧、爱抚的孩子是长不好的。”

小树听着我的话，他能够完全理解。

我继续说：“在你病了、冷了、疼了、哭了和遇到危险时，都是妈妈关心、爱抚着你，妈妈的手托着你、抱着你渡过每一个成长的困难。没有妈妈的孩子冷了、热了没有人为他们换衣服，病了、哭了时没有人抱着，睡觉时没有妈妈抚摸着头、守护在旁边，遇到危险没有人帮助。他们能长好吗？”

“长不好。”小树肯定地说。

小树妈妈与家长们分享

从有了孩子，“平安”就成了我心中最重要、最神圣的一个词语，我用它祝福小树，也祝福亲人和朋友。

而生活中总是潜藏着一些危险，对于幼小的孩子更是这样，田野里的农药瓶、家中裸露的电源插座、城市街道上来往的汽车，还有一些行为不良的人。

小树幼年时，曾经严重地摔昏迷过两次。一次是上面我写下的在幼儿园里发生的摔倒，另一次是学武术时，被同伴的腿绊了一下，后脑着地摔在了水泥地上。孩子遇到的危险，有时候是由于看管不良造成的，但任何追责都不如没有发生什么好。

从那以后，我就在各方面很注意了。我还在阳台上准备了一条长绳子，我叫它安全绳，如果家里发生了火灾，就用它把小树放下去。

保护孩子的安全真是父母最重要的事情。我写过一篇《身边有小孩子时，父母一定不要与人发生冲突》。

在北京丰台区，有一位用婴儿车推着两岁女儿的年轻母亲，与两个要在路边停车的男人发生了争执，两个男人执意让她让开，以便停下他们的汽车，母亲却认为他们不讲道理，不肯让开，争执中车上下来一名男子，不仅打了母亲，并且抱起了车中的孩子摔到地上。两天后，这个小孩子不治身亡。

一个新生、可爱、传承着一个家族基因的小生命就这样离去了，父母、家人陷入了无限悲痛之中，这是犯罪者的死刑与任何赔付都不能补偿的。

谁都不可能准确地知道，在路边、市场上会遇到一些什么样的人。但理性能够让我们做到：身边有小孩子时，父母一定要看好孩子，不要与人发生冲突。

☆与孩子一起感受生活的美好

1993年9月25日

睡觉前，小树又让我给他讲故事，讲故事是他的一项日常所需，也是我养育他的一种方式。

这些日子，他对远古生存过的那些巨大的恐龙产生了兴趣，记住了很多恐龙的分类、名字以及特点，如鸭嘴龙、霸王龙、雷龙等。

"我们住的这山下在远古的时候也许就有恐龙。"我跟他说。

他一下子来了兴致，非要让我讲讲我们住的这山下原来有过什么样的恐龙。

我想象着说给他听，他边听边问个没完没了。后来我实在没有什么可说的了，也累了，就说我口吐白沫了，不能再讲了，再说也10点了，他应该睡觉了。

小树只好不情愿地说："那就明天再讲吧。"

他翻身向里睡去，但又想到了什么，转过来靠近我低声说："好妈妈。"

我亲了他的额头一下，他用小手轻轻地拍了拍我的脸。这是我们心灵相互感应的方式。

1993年9月28日

今天是农历八月十四，月亮已经又圆又亮了。在月光下的山路上走着，小树的心情和月色一样纯净、明亮。他抬头看看月亮，低头环顾一下身边的草木，一句句自编自诵着：

月亮车灯过山前，

草和小树月下更漂亮。

……

他编诵了好多句，都是围绕着月光激发的情怀，我只记下了这两句。

1993年10月6日

自然界有很多好景色。

但再好的景色，对于母亲来说，如果没有孩子、没有家人在身边，也会觉得少了什么，并且怎么也不会感受得那么细微尽致，甚至还会生出一些伤感与茫然来。

同小树一起走在山林里，我的感觉总是那么好，我彻底地放松了自己，放松了时间观念、是非观念，甚至母亲的观念。我只是一个缩小了、恢复了童心的天然快乐的小孩子，是小树的小伙伴。

小树林里极少有人走过，阳光灿烂地透过了小树木的枝叶，山坡上的野草在秋风中倒伏着，呈现着红黄色，与不时地蹦出草丛的蚂蚱一样的颜色。小树在前面带着路，我在后面跟随着。

“妈妈，要是有危险，我在前面挡着。”我的小英雄说。

我们沿着从未走过的一条小径走着。小树采了路边一些紫色、黄色的小花递给我，我把它们夹到书里作标本。

小树说：“你看世界多美丽啊！”

我说：“是啊，这奇特的生物世界。咱俩在这儿休息一会儿吧。”

我们就坐到了干净的山石上，都望着远处山下的景色，我们的情绪也都一样。脚下有一群蚂蚁在落叶间忙碌着，我回头让小树看，一只小蚂蚁正吃力地搬着一只大它三四倍的肥嫩的芽虫，另外几只蚂蚁也各自在搬运着瓜子皮、草屑什么的。

"你看蚂蚁多勤劳，它们在趁着这样的好天气准备冬天的食物和用品呢。"我跟小树交流，让他注意这些小生物的行为，也从它们的行为里汲取对人的教益。

"它们搬瓜子皮、虫子、草屑干什么？"小树问我。

"虫子肯定是它们的美味，瓜子皮也许是一张床吧？很光滑舒服的。草屑也许是用来种蘑菇的吧？"我猜测着。

"肯定是。"小树说。

我们一直细心地看了半天，直到太阳晒热了我们。时间大概到了中午了吧，我们沿着弯弯的山路走了回来。许多年以后，我和小树的心里会留下这么一条只有我们俩走过的秋色美丽、充满了细微感受的小路。

你能够理解和懂得什么是美好的、什么应该珍惜的时候，你就会更好地去看待它们，不会让它们一晃而过了。

小树妈妈与家长们分享

生活更多的是我们看待它们的样子和赋予的意义。

就像米开朗琪罗所说："我去采石场，在一堆石头中，我看到的是《大卫》。"也像："感时花溅泪，恨别鸟惊心。"

小树幼年的时候，很多美好的生活，都是我们一起感受的，这样的时候，都是他身体健康、心情快乐的时候，我为孩子在身边，并且身心愉悦而感到安宁、美好，也为自然景物，或者我们充满兴趣地做事情而感到美好。而一般我感受到的，小树基本上也能够感受到。比如，我们俩一起趴在阳台上用望远镜看月球表面，那真是极为兴奋、难忘的时刻，他先看到了，描述着，再让我看，我也看到了，然后我们俩就热烈地谈论起月球以及广阔宇宙里的一些神秘、未知的现象来。再比如，新年的时候，我们坐在一起画贺年卡，写上对彼此的祝福。生活在这些时刻真是美妙、幸福极了。

后来他上了大学。一个寒冷的冬天，我们一起去博山的一所贫困小学了解义务教育。我站在学校门口，跟校长交谈着，他一个人背着书包到教室里去听课，课间给围着他的一群孩子讲怎样学数学。夜晚我们住在没有暖气的简陋房间里，谈论耶鲁大学当年的学生支教行动与怎样在中国实施教育资源共享。有能力帮助这些贫困山区的孩子们，为他们做一点事情，我们也感觉到自己生命的意义与美好。

父母都可以在日常的生活中，跟孩子一起去感受一些美好的事物，发现它们的情趣与意义。

☆六条规则与《圣经》中的十诫

1993年10月7日

小树这些日子变成了这样一个孩子，每天从幼儿园接他回来，他都要兴奋上一阵。他坐在班车上，跟我闹，也跟其他人闹。他往我脸上吐唾沫，揪我的头发，有时还骂一些脏话，像“放屁”“王八蛋”什么的，这是他从小伙伴那里学来的，我们家是从不使用这些脏话的。我跟他说这是些不文明的语言，不能说，但他还是忍不住说，充满了兴趣。

他像是在幼儿园关了一天，要发泄他压抑的精力、生长的力量。他的主要对象便是父母，主要约束也是父母，他在欢闹中便也带了反抗压抑、管束与秩序的成分。所以每次接他回来坐到班车上我都有些紧张、为难，因为成人的世界很复杂，有些成人能够理解孩子，有些成人却是不能够理解孩子的行为的，他们会反感，会议论你怎么让孩子这样。

幼儿园每天都是提前10分钟开门的。今天，我随着蜂拥的家长走进园里，爬上四楼，再为小树穿上外衣、拿上书包，他已经跑下楼去，让我看不到踪影了。我赶紧下楼去找他，担心他摔着或者跑出大门去不安全。我好不容易找到他以后，把他拉到自行车上，骑着去赶班车。这班车是我所在单位接送员工上下班的，孩子们只是跟着父母一起搭乘，所以，司机到了点是要开车的，谁也不能因为自己的事情让一车人等。我让小树先上了班车，然后我去存放好自行车，再跑回班车。每天的这个过程真是像打仗一样。而如果赶不上班车，回我们家住的那处山坡，骑车、坐公交车都非常不便。有时候接小树，我还要提上一些买的大包小包的水果、蔬菜，叮叮当当的，真是紧张，又狼狈不堪。小树又这么顽皮，我真是很为难。

有时候等我上了班车，满班车的人都在看着我，而小树还在车上兴奋地闹。我满脸汗水，他却往我脸上吐唾沫，或者揪我的头发，我真不知道应该是哭还是笑。小树却在笑着，他很热衷于这些行为，有时候还大声地喊我的名字。

“赶紧教育你的孩子吧。”

“给他一耳光，打上几回就好了！”

周围的人看着我，七言八语。我茫然着，一时没有了对付孩子的任何经验与智慧。我只好沉默着，等待着班车早开回家，等待我的孩子平息下来他的兴奋，等待劳累、难堪、紧张成为过去。

“你太惯孩子了！”

“你得管他，你不管他大了更不好管了！”

我也习惯了周围人的这些劝告、评论。

我的宝贝孩子已经跑到了司机身边的最前排，他转过身来，面对着整车人：“笑什么？你们笑什么？你们这些坏蛋。”

我平静地站起来跟人们道歉，我说我小的时候也很顽皮，比男孩子还顽皮，可我过了一个阶段以后，突然自己变得比别的孩子都内向、羞怯、懂事了。真是这样，我也很孝顺。

我不知道他们是否能听进我的话去，我只是以此为小树解释着，为这个年龄的顽皮孩子解释着，争取着人们对他们的理解。

回到家，匆匆下楼去打开水。小树没有跟我说一声，就出去玩了，一直到他的伙伴们都走光了他才回家，并且咚咚咚地拍门。我拿起一根尺板，等他进来后，对他说：“小树，你怎么这样不懂事，你吐妈妈骂妈妈，妈妈这么疼爱你，你怎么就不听妈妈的话呢？你这是不是不爱护妈妈？你说你今天是不是犯了错误？”

我用尺子打了他屁股两下，却听到一个温和、懂事的孩子声音："妈妈，是我错了，我以后再也不这样了，不惹你生气了。"

晚上，我跟小树又提起了今天的事情，我跟他讲了很多在群体中的生活规则，怎样在幼儿园与小伙伴相处，怎样在班车上与成年人相处，让小树对这些事情有认识，以后做得好一些。

最后我跟他一起写下了六条规则：

1. 不骂人。
2. 不吐人。
3. 不高声吵闹。
4. 自己吃饭，自己洗手、脸、脚，自己刷牙。
5. 不在墙上乱涂。
6. 听爸爸妈妈的话。

我又找出了一本《圣经》，对他说："这本书是外国的父母经常读给小孩子听的，叫《圣经》，我读一页给你听听吧。"

我读了里面的十诫给小树听。

十诫是《圣经》里的十条戒律，我们现在的信仰已经与此有些不同。但是有一些戒条，如不可杀人、不可偷盗、不可作伪证陷害他人等，却一直与我们现代的道德和法律相同。

十诫的内容是：

我是你的上帝，除我以外，不可以再信仰其他的神。

不可亵渎上帝之名。

谨守圣安息日。

孝敬父母。

不可杀人。

不可奸淫。

不可偷盗。

不可作伪证陷害他人。

不可贪恋别人的配偶、财物。

我不知道小树是否完全理解了，但他很好奇、认真地听着。

小树妈妈与家长们分享

生活中到处是规则，有些规则是为了使我们的行为有秩序，提高效率；有些规则则是一些严格的戒律，不了解或者违犯了它们，就会受到相应的惩罚。

小孩子都是在生活中逐渐认识与建立起他们的行为规则的。比如，在幼儿园里，大小便要去厕所，不能骂老师、欺负小朋友等。

幼儿时期，主要是要让孩子理解规则，理解了为什么要这样，孩子就能更好地去遵守，并且形成习惯了。比如，幼儿园一般都规定，孩子们不能随便跑出大门去，如果有孩子趁老师不注意，自己跑了出来，就会有迷路、被陌生人领走、被车辆撞伤等危险。

生活中吃饭、睡觉等方面的一些小规则，可以不用严格地要求孩子，但是像独自跑出家门、幼儿园大门等这些规则，一定要让孩子认识到危险性，严格地去遵守。

很多规则其实不是孩子们没有遵守，而是父母没有说给他们，像《圣经》中的十诫。那些尚未成年的孩子犯了偷盗、强奸罪，80%以上，都是没有意识到自己行为的性质与严重。

☆衣服舒适是最重要的

1993 年 11 月 13 日

今天我找出一条蓝色条绒的背带裤，给小树穿上了。这条背带裤是前年我从上海为他买回来的，当时穿着很好看，也很合适，只是现在他长高了，穿上有些短小了。我把扣子往背带的尽头处钉了钉，还是给他穿上了。

小树也喜欢穿这样的背带裤，夏天的时候，他跟我说过班里有孩子穿着背带裤很好看。我们到了幼儿园门口，小树蹲下时，我看到裤带明显紧了些。我便问他要不要穿到里面去，那样就不紧了。他摇了摇头，我也就没有坚持。

下午去接小树，我刚走进教室，他就大声对我说："你今天给我穿的裤子弄得我丢盔弃甲的，你得跟我说对不起！"

我一看，他的裤子除了背带有些紧以外，还由于短小，弯腰的时候不时地从两肩往下滑落，弄得他不时地耸肩，里面的上衣也跑了出来。我知道这样的裤子穿着真是非常不舒适的，我很认真地跟小树道了歉："对不起，这样的事情真得怨妈妈，我以后给你穿衣服一定注意。"

我道了歉，小树也不计较了，我们一起向幼儿园的大门处走去。这时候，在中班带过小树的一位小老师特地过来说：

"今天上大课，园长还有其他幼儿园的一些老师一起听课，小树表现可好了，老师总让他回答问题，他回答得都非常好。"

我边感谢着小老师，边在心里想，一个边站起来往上提着他的裤子背带，边认真回答问题的小男孩肯定很有趣！

1993年11月15日

天终于晴朗了。今天星期天，带小树去郊外看看田野。一路上小树不时地读车窗外的那些店号、广告，他不认识的就让我读。他趴在公交车的窗玻璃上说他在看节目、看电影。我读一些看上去笔画复杂的文字时他问我："这些字你都认识吧？"

我谦逊地说："差不多。"

他又问我："你认不认识原始字？"

我诚实地说："不大认识，古文中有些字我不认识。"

想不到小树却自信地说："我认识。"

"你怎么认识？"我有些疑惑。

"我能猜出来，比如像鹿的就是鹿，像青蛙的就是青蛙。"他回答。

小树说的还是有道理的，他可能是感觉到了一些古文字中的象形意义。

"你说的是象形文字吧？"我问他。

"对，是象形文字。"他肯定地说，然后又让我惊异地问："人类学家为什么认识原始的字？他们认识古埃及的字、古巴比伦的字，他们是猜出来的，还是研究出来的？"

我真是很惊异小树提出的这些问题，他用的名词、术语都很专业，也许是他平日听到过我跟他爸爸谈论这些问题，也许是他自己看电视的时候注意到了这些问题。但一个5岁的孩子能对这些问题感兴趣，并且有所思考，真是有些特别了。

我欣喜地看着小树，他还在专注地研究着车窗外那些一闪而过的文字，思考着他的问题。他今天穿了一身全棉的、舒适的运动服，站着、坐着，就是奔跑起来也会很舒服，我可不能再给他穿妨碍他身体活动的衣服了。

小树妈妈与家长们分享

小孩子真是眼见着长，所以他们的衣服、鞋子有些还没有怎么穿、看上去还很新，就已经短小了。

我总是不舍得扔掉这些衣服、鞋子，有时候会找出来再给小树穿，但是短小的衣服、鞋子，孩子穿上是不舒服的，甚至妨碍他们身体的活动，或者夹他们的脚。在有过一次教训以后，我就把小树那些只是短小了，却还很好的衣服、鞋子洗干净了，装到袋子里，送给收废品的人，让他们再送给那些需要的人。

我也认识到，小孩子的衣服，最重要的是干净、舒适，夏天凉快，冬天保暖，有利于他们的身体活动，而不在于什么名牌，或者时尚、漂亮。

而舒适的一个基本前提就是尽量要是棉质、丝质的，这些自然的材料，穿在孩子的身上吸汗、透气，也安全、放心。

我曾经看到过不少家长为了好看，让孩子穿紧身裤、小皮鞋、小西装，它们其实很不利于孩子的身体活动，而且紧身裤如果过紧，还有可能使血流不畅。有一次在幼儿园里，我甚至看到一位母亲领着她穿了一身透明衣服的女儿，女孩的小内裤都能够看得很清楚。这位母亲的衣着也是低胸、露肩的。这样的衣服，除了不舒服，还不利于保护孩子。所以那些有女孩的家长，除了给孩子穿舒适的衣服，还要考虑保护她们的身心安全，特别是开始发育了的女孩，尽可能地不要让她们穿一些过于暴露性别特征的衣服。

☆第一次克制、掩饰自己的感情

1994年6月4日

我细心地感受着孩子的每一言行，理解着里面的含义，孩子的第一次害羞，第一次独自哭泣，第一次克制、掩饰自己，都表现着一个小生命内在的思想、情感以及人格观念的形成，孩子的每一个第一次都是珍贵的。

许多年后回顾这一生，也许我做得最好的一件事情就是做母亲。

1994年6月4日

小树咳嗽，今天没去幼儿园，送到姥姥家。下午我买了菜，放在单位传达室后便去接他，我想同他一起坐班车回家。敲门的时候，我听到了他的声音，姥姥出去买东西把他反锁在屋里。我没带钥匙，只得隔着门同他说话。只一上午没见到他，我就有些想见他。他也同我一样，想见妈妈，跟妈妈一起回自己的家。但门隔开了我们。我说：

“你给姥爷打个电话，让姥爷回来开门，我领你走吧。”姥爷退休后来了济南，省委的一个部门需要一个写历史材料的人，他便每天去上班了。

小树去打了电话，可姥爷不在办公室。我等了一会儿，再也没有别的办法了，社里的班车如果开了，我的菜就会留在那里，便告诉小树：“你在这里吧，等爸爸来把你接回家。我要去坐班车了，不然班车就走了。我不能领你了。”

小树迟缓地说：“好吧，再见妈妈！”

我说：“我走了。”

我只得走了，我一边说一边下楼梯。我听见小树还在说再见，还在一声声地叫妈妈。我答应着走，直到听不见了他的声音。

我走后他就哭了，姥姥回家后发现他两眼发红，问他是不是哭了，他不肯说。他这是第一次自己哭了又掩饰着不告诉他人。以往他都是不克制、掩饰自己的，即使克制、掩饰了，你问他，他也会表达出来。他有了自己内心的感情了，并且不愿意告诉别人。

晚上回来后，他又高兴起来，只是嗓子有些沙哑。记得我走时他对我说："你回去等着我，别让我回家见不到你。"

我便一直在等着他回家。

1994年6月5日

天气炎热起来，小树却又感冒了，他不想吃东西、咳嗽。我给他煎了很浓很苦的草药，那药味我都难以咽下，他却大口大口地喝了下去。他喜欢一种精神，只要你说药苦但是能治病，如果药都喝不下去，长大怎么能克服很多困难，他就喝。他一直表现出不同于别的孩子的克制力。

他留在家里，有时很想喝饮料和吃糖，他会走近它们用手去触摸一下，但我说他的胃现在不能喝饮料和吃糖，他就会马上放弃。

他说："我只是看看。"

对一个小孩子来说，这是很不容易做到的。

小树妈妈与家长们分享

小孩子的生活由很多的第一次组成，第一次痛苦，第一次受到父母严厉指责，第一次走出家门，第一次感受分离、无奈，第一次结交朋友，第一次被老师夸奖……每一个第一次都是他们人生的经验、人格、观念形成的开始，可以说都很珍贵。

家长们要细心观察、发现孩子的第一次，并且理解和帮助他们。

小树的每一个第一次都让我感动，我努力地理解着他，在他和我之间的第一次，也是我作为母亲的一个个第一次。他的这第一次克制、掩饰自己的哭泣，是他知道妈妈是应该去坐车的，而他不能同妈妈一起回家又很无能为力。

我也曾经在公交车上，看到过一个小男孩的第一次上学迟到，他一路上都忐忑着，害怕老师的批评。但是送他上学的姑夫宽慰着他，告诉他到了教室，主动跟老师解释一下，是父母有事耽误了又让姑夫送的他，老师就会原谅他的。这位很理解孩子的姑夫又给男孩子的母亲打电话，让她给老师打个电话解释一声，但孩子的母亲却很不以为然。

如果家长能够理解并且处理好孩子的一个个第一次，对孩子以后的成长来说，该是多么幸运啊！

☆到山上找火石

1994年6月9日

刚下过雨，楼后面的山上空气清新，我动员小树："咱上后山散步去吧？ 山上的酸枣小树可能结果了。"

小树很有兴致，跟着我就走。我们沿着斜坡向山上走去，很多雨珠还圆圆、亮亮地挂在小松树、小槐树上，轻轻地一触，就刷刷刷地一齐落下来，像又一场雨。我故意碰了身边的一棵小松树，很多雨滴便落到了小树的身上，他不仅没有反感，反而对雨珠落在身上的感觉十分高兴，让我继续往他身上"下雨"。我刚才是很轻微地触了一下小松树，真要"下雨"了，却怕把小树淋坏了。

"你撑开雨伞吧，我给你往雨伞上'下雨'。"我要他撑开雨伞。

他撑开雨伞后，我便不断地去摇晃身边的小树、大小树了，一片片密集的雨珠跳舞似的唰啦唰啦敲响着雨伞，像真下了雨一样。

玩了半天"下雨"，雨伞挡着视线，小树看到了地面上被雨冲刷出来的一些石头，突然产生了新的念头："咱俩找火石吧。"

我们便开始找起火石来。大自然到处都蕴藏着丰富、宝贵的物产，即使后山这小地方，也是我们学习、分辨很多物产的实验室，我们在这里能看到昆虫、鸟、各种植物，还有岩石与矿物。只要跟小树一起上山，我们就会对它们产生兴趣。

我找了两块坚硬并且夹杂着深红纹理的白石块，把它们对着击打起来。记得我童年的时候，看到父亲用两块石头这样击打出火花来，也许是刚下过雨石块里水分多的缘故，我击打了半天，也没有看到它们闪出火花来。

小树也用同样的办法，试了好多石块，也没有看到火花。

“妈妈，这山上可能没有火石？”小树推测着。

我有点不甘心，很想能让小树亲眼看到火石击打出火星来这一自然的现象。我便带了两块刚才的石块，准备回家再试。就在我们下山的时候，我在一处岩洞里发现了一些没有淋过雨的干燥石头，我捡起两块又击打起来，它们竟然闪出了一片片火星。

“妈妈，我看到了火星，它们是火石！”小树兴奋地过来拿我手里的石头，他把它们对击起来，我也看到了闪闪的火星。我们俩都极为兴奋，不只击打了半天火石，还把它们装到口袋里、捧在手里，像宝石一样地带回了家。

这些火石一直在我们的阳台上放了很久，那一段时间，我和小树经常在夜晚跑到阳台上用火石互相击打，让它们在黑暗中火星闪闪。

“小树，你以后在山上需要火的时候，可以用火石来取火呢！”我想让小树学习一种利用自然的办法。

“我有很多取火的办法，要是没有石头，我就用铁钻木头。”想不到，这个聪明的孩子已经有了很多的好办法了。

小树妈妈与家长们分享

带孩子进入自然的环境，让他们了解、认识自然世界里蕴藏的动物、植物、矿物，是一种根本性的学习，在这种环境里学到的知识会对他们的生存极为有益。

现代孩子应对恶劣自然环境的能力，已经不如二十世纪五六十年代出生的孩子了。那些年代出生的孩子，他们参加野外的活动多，对大自然也了解得多，生活在农村的十岁以上的孩子，都能够认识常见的农作物，还能够认识很多种野菜、野草与村子里的小树木。他们下河、爬树，都身手敏捷，也经得起风吹、雨淋等各种天气变化。

现在，不只是城市的孩子五谷不分，连农村里的孩子也很少下地劳作、接近自然世界里的动植物了。他们的体能与适应大自然的能力都在明显地下降。

而适应自然世界的能力，应该是人类最根本的生存能力。

在东南亚的几次海啸中，研究人员发现，海啸夺去了十几万人的生命，冲毁了他们的房屋，却很少有大象、水牛、老鼠等动物死于海啸，这些动物依然保持着与大自然紧密的联系，它们能够敏锐地感应到大地与海洋发生的变化。

在自然的世界里，蕴藏着各种化石、矿物，孩子们能够通过它们来了解进化、历史与能源。

让孩子走进自然的世界，晒足阳光，了解大自然丰富的蕴藏，学习百科知识，从中获得自然赋予的敏锐、强壮的特性吧。

我庆幸给了孩子
☆一把观察事物的钥匙

1994年6月10日

父母亲只有理解孩子，才能正确地帮助他们成长。美国儿童问题顾问多萝西·科克布里格斯写了一本《人生的钥匙》。这几天我一直在读这本书，也根据我自己的某些体验和这本书的讲解来理解我的孩子。我很庆幸在小树六岁以前，有许多关键时期我凭着本能与学习把握到了，并很好地给予了他理解和引导。但同时，我也在回顾中看到了我的一些错误及不适当的处理办法，我深为这些事情内疚。小树就要开始他人生中6~12岁这个阶段了，这个阶段是孩子身体上迅速发育已经完成，而显著的青春期变化还没有开始的相对稳定的阶段。多萝西指出这一阶段孩子的主要任务是从家庭以外的反映中认识自己，同龄人的映像具有越来越重要的影响。成长中的孩子需要在群体的扶助下获取生存的力量，才能最后站立起来，没有这种支持，自尊便会受到影响。多萝西的话对我曾经有过的生命认识和现在的养育都有意义。我理解和帮助小树成长的又一个新阶段开始了。

“妈妈，我今天发现了一只瓢虫，身上有好多好多星。”小树努力地向我述说他的发现，他很喜欢观察植物和动物。

“以后再发现这样的瓢虫，你就把它带回家，仔细地观察观察。”我鼓励他，还给他讲了生物学家达尔文经历的一件事情：“在春天的草地上，达尔文发现了两只瓢虫，它们代表着两个品种。他便一左一右地把它们捉在了手里。但这时他又发现了第三只，它不同于前两只，是又一个品种。他便把右手的那只塞进了嘴里，以便腾出右手，又捉起了这第三只瓢虫。”

“我要是再看到新的瓢虫，一定把它带回家！”小树急切地说，他可能因为没有把今天看到的瓢虫带回来而有些后悔。

“没事，世界上没有发现的事物还有很多呢，你以后有很多机会。”我安慰他。

小树妈妈与家长们分享

观察事物是孩子了解和认识事物的基础。

小树自小喜欢观察人和周围的景物，并且能够一下子抓住其特点。除了先天的一点遗传外，应该与我总是鼓励并且经常与他一起观察植物的变化、昆虫的特点以及夜晚的星空等有关系。我真是很庆幸给了他一把观察事物的钥匙。

夏天，我们俩经常趴在阳台的窗户上观察突然的风起云涌，然后是电闪雷鸣，大雨如注。回农村老家，我会带他到田野，去观察土地与一些庄稼。当然，我们也经常观察、分析人的言行。

父母可以同孩子一起，或者鼓励孩子自己去观察水的颜色、各种形态；观察一队蚂蚁的爬行；从头到尾地仔细观看成人做完一件事情，这都是一些很有趣的事情。父母还要注意的是，在孩子观察什么时，让他同时用语言表述出来，先表述外在的形态，再表述一些无形的性质，这都是养成孩子观察事物的好方法。

☆母亲能够给予孩子什么

1994年6月11日

每天晚上，当我劳碌完毕坐在床边看着孩子的睡姿，感觉着时光在静默中的交替，心里就有些感动。我静无声息地体验这种感情，告诉自己，也许生存的一切除此以外都不是那么重要，我最必须做的是养育好孩子，使他平安成长和具有支撑生存的精神力量。

我看着一个一天天长大、很多方面都很像我的小生命，母子关系就这样不可改变了，彼此给予的一切也将不可改变。

做一位母亲，从生命的意义上，重于所有的事业，因为所有的事业都是为生命服务的。做母亲也是琐碎和艰辛的，清理房间，准备食物，帮助孩子做他需要的事情，引导他迈出生命之路上的每一步。

每天在孩子睡后，我都坚持为他记下一天中生动、重要的事情，他的成长变化。我想在许多年之后，送给一个长大了的孩子一本他童年的纪事。他会在纪事中找到一个他依稀记得的环境和他在父母身边的一些成长过程。他会突然间热泪盈眶，感到母亲的细心忘我与百折不悔的亲爱。

母亲的作用是最不可代替的，她把最重要的人的良知与感情，给予、传递给了孩子。

做一位母亲甚至需要牺牲自己的某些享乐、幸福。

做母亲最担心的是孩子的安全，特别是孩子生病以及外出的时候。为孩子祈祷平安是每个母亲都虔诚地做过的事情。每一天，只有当小树回到我的身边，在我视野可及、伸手可触的地方，我的整个身心才能完全无牵挂地放松下来。

而没有孩子在身边，我已经没有真正的开心和愉快。

做母亲也有很多的幸福，有很多仿佛是自己重生了一次的感觉。

孩子在整个成长时期，最需要的就是自己的母亲。而一个剥夺了孩子拥有母亲关爱权利的女人，是最残酷、无用的母亲。她可能有许多理由为自己解释，但她造成了不可弥补的生命的损失。

小树妈妈与家长们分享

有些保护、温暖、疼爱，是只有母亲才能给予孩子的，这些是人最需要的东西。

一位17岁的女孩，坐在沈阳火车站的候车室里，不时地看着那些被父母呵护着的孩子，神情里流露着难抑的痛苦与羡慕。我与她聊起来，她说母亲离开她与父亲有15年了，一次也没有回来看过她。15年中，她受了很多委屈，总是想，那些有母亲的孩子是多么幸福，而她几乎没有得到过母亲的抚养、疼爱，连母亲的样子都记不起来了……

这是一个女孩真实、悲惨的经历。我安慰着她，说她已经能自立了，以后会有个好家庭、成为一位好母亲的。但是无论怎样，她童年的缺失都无法弥补。

在母亲的怀抱里度过幼年，是孩子的权利。

给予孩子这一权利吧，让他们感受母亲的保护、温暖和疼爱，满足他们幼小的身心需要，为他们整个的人生打下幸福与发展的基础。

美国记者波尼·安杰洛采访了13位美国总统，他们在回忆童年的成长经历时，无一不谈到母亲与自己今天生活的关系，无一不深情地感谢母亲的养育。

我国的水稻专家袁隆平 80 岁时，又深情地回忆起了给予他身心养育的母亲，写下了感人至深的《稻子熟了，妈妈我想你了》：

妈妈，您在安江，我在长沙，隔得很远很远。我在梦里总是想着您，想着安江这个地方。

没有您在我的摇篮前跟我讲尼采，讲这位昂扬着生命力、意志力的伟大哲人，我怎么能够在千百次的失败中坚信，必然有一粒种子可以使万千民众告别饥饿？他们说，我用一粒种子改变了世界。我知道，这粒种子，是妈妈您在我幼年时种下的！

妈妈，每当我的研究取得成果，每当我在国际讲坛上谈笑风生，每当我接过一座又一座奖杯，我总是对人说，这辈子对我影响最深的人就是妈妈您啊！

稻子熟了，妈妈我想您了……

那些生活贫穷、处境艰辛的母亲，也能够给予孩子人生最重要的亲爱，她们的爱也能够是富有的，甚至是伟大的。

☆打败了爸爸的“军舰”

1994年6月17日

小树在上幼儿园的路上和爸爸互相打军舰，与以往一样，他们是“口头战争”。

爸爸说他的“牛魔王”号军舰发射了超威力炸弹：“我发射了10000个牛魔王炸弹。”

小树想了想轻松地说：“我发射了一个‘悲叹’号。”

“什么是‘悲叹’号？”爸爸不明白。

“‘悲叹’号就是很悲哀，让你的士兵看到后就开始想念自己的家了，无法控制住。”小树说。

“你真了不起，我没办法了，我的军队怎么能不输呢？”爸爸真是心服口服了，他觉得自己无论在想象上还是情理上都输在了孩子口下。

1994年6月20日

口头战争又开始了，这次小树和爸爸都没有造出什么特别的军舰、炸弹来。他们一个发射了一些“米老鼠”炸弹，一个发射了一些“黑猫警长”炸弹，爸爸的“米老鼠”号宣布把地球炸毁了。

小树回应：“你炸的时候我躲到了别的星球上。”

“我又把所有的星球都炸毁了。”

“不可能，你都炸毁了，那你在哪里？你不也把自己炸毁了？”小树发现了爸爸思维、表述中的自相矛盾，并进行了反击。他已经跟爸爸学过一些逻辑了，全部否定也就否定了包括自己在内的存在。

爸爸又一次输了，带着他的不争气的“米老鼠”号。

小树妈妈与家长们分享

游戏是孩子们最喜欢的学习方式，他们能够在游戏中增长心智，也获得快乐。

独生子女由于缺乏玩伴，他们便只得与父母玩一些家庭游戏。

家庭游戏就是家长与孩子一起进行的嬉戏与玩耍，除了有助于孩子各方面能力的发展，学习生存技能，还是建立良好亲子关系的很好途径。

家庭游戏的目的是激发幼儿身体的反应能力，增加他们的协作和快乐，也增进彼此间的亲密，让孩子在游戏中体验爱、协作与信任；甚至家庭里的很多劳作都可以当作游戏，如择菜、拖地、洗衣服等，一边劳作，一边唱歌或者舞蹈，让劳作轻松和充满快乐。

人类以外的幼小动物也是通过游戏来学习一些生存技能和增进亲密关系的。我们经常看到动物在一起打闹、嬉戏，那是它们在做家庭游戏呢。小猩猩会跳到一些雄性大猩猩的背上，抓挠一下，然后迅速地逃到母亲的怀里；草原上的灰狼会将刚追上的鼠、兔咬在嘴里，然后往前跑去，吸引幼狼追逐，在这种追逐游戏中，训练幼狼奔跑和捕食的能力；北极熊妈妈带着幼熊享受春天的阳光时，也教它们学习怎样跨过开裂的冰缝，怎样嗅到冰下海豹的气味。

家庭游戏能够让孩子真正地快乐起来，他们在游戏中扮演各种角色，忘记了所有的烦恼，解除了一时的孤独、忧郁、消极，并且乐此不疲。

家庭游戏的功能很多，不仅能让孩子专注地投入，而且能够给予孩子积极的智力、情感体验，促进孩子社会性的发展。父母和孩子做家庭游戏还能够互相分享机智、敏锐和快乐，并且真正地把孩子与家长平等起来，他们像伙伴一样，体验着共同的规则，增进了亲密的感情。

挑战权威与上一代人，也是孩子成长的表现。孩子们还会在游戏中试探、比较自己与成年人的能力，为他们的成年做好准备。

参与家庭游戏是最让孩子开心的一刻，这些游戏不仅增强了孩子的心智，并且能够为他们的童年留下最美好的记忆。

☆弥补性情中的弱点

1994年6月21日

小树在外面的处世能力是不是比我还差?

我一直觉得自己在这方面的能力是很差的，这很差有两方面的原因，一是思想认识上的差异；二是没有掌握一些技能。比如，我不认为投机、圆滑、世故、从众等这些行为是值得赞扬的，所以我总是不肯投机、圆滑、世故、从众，而总是认真、诚实、固执、质疑，也就没有什么经验、技能，所以在利益驱动的世俗生活中，我经常是个打不赢的人。

我很想小树能不像我这样，但是我今天感觉他还是很像我。他已经掌握了很多我传给他的做人观念、方式、知识，但他还不懂得外面的一些不同的人，也就不愿意与他们交往。他现在“志同道合”的朋友也很少，所以他只能在一些事情上与爸妈交流。

今天他的小车子让一个大孩子骑去了，他不肯去要回来。我说是你的，你想骑就可以去要回来。

他为难地说:“他要是不给我怎么办?”

他的为难让我感觉到家庭里的处处相爱、谦让，让小树在外面不知道怎么应对不相爱、不谦让的事情了。他从不去侵犯别人，甚至都不肯去争取他自己应该得到的东西。

孩子性情、行为的形成有家庭传给他的原因，也有他自己没有学习一些方法并且去使用的原因。如果他一次次地感觉到自己的权利并成功地去争取到了，他就会自信。

我想我得好好地帮助他，这是些不容易做但会影响将来的事情。

小树妈妈与家长们分享

每个孩子都会有一些弱点，它们是可以弥补并成为特点的。比如，有的孩子胆怯，家长可以在他们为之胆怯的事情上，一点点地锻炼他们，帮他们克服。这样的孩子在逐渐地克服了胆怯之后，就会具有谨慎的特点。

小树的弱点是不肯伸手要别人的东西，不敢去争取自己的权利。他的这个弱点也逐渐地变成了特点，就是很有自尊心，总是依靠自己的能力去解决问题。

甚至孩子生理上的残疾都可以弥补，我们经常看到一些盲人，他们也能够安全地过马路，并且由于视力不好，他们的听力特别地发达了起来。

有一本书《假如给我三天光明》，是盲人海伦写的，家长可以为孩子读一读，它能够让身心都正常的孩子也更加珍惜自己的生命，从而更好地发挥生命的潜力。

☆生日，是祝福与感谢的日子

1994年6月27日

今天是小树六岁的生日，一整天我不做别的事情，只陪着他。我领着他去玩了一个多小时的电子游戏，又去租了一个电动赛车，与几个伙伴玩起了赛车。下午，我和他一起去买蛋糕、生日蜡烛，他很高兴。我还为他买了一块好长时间都因为牙齿不好而不让他吃的棒棒糖。

我们回到家里，姥姥和姥爷在忙着做菜，姥姥嫌姥爷烤的鸡咬不动，不住地责备姥爷，最后两个老人吵了起来。我在一边听着笑着，知道他们并不是动真气。小树却过来劝说："姥姥，姥爷做了，你就说好吃，不就什么事情都没有了嘛！"他还平伸出两只手表示要化干戈为玉帛的意思，说完亲自过去尝了一块，"他做得好吃，你说不好吃，这不是不实事求是吗？"他劝说的语气宛若大人，有意思极了，就是大人，那些小心胸的，也未必能说出这番话来。他的劝说让姥姥姥爷停止了争吵。

晚上，一家人坐了下来为小树过生日。爸爸点上了六支小蜡烛，我把情绪压在了不喜不忧中，这是我的一种近乎宗教式的心理，因为我觉得这种心态会使孩子安定、平安。在关系到孩子的一些事情中，我都怀着这种心理，甚至在给孩子买蜡烛的数目、唱生日歌的遍数、买玩具的价钱上都很讲究。我宁愿要这种讲究也不愿疏忽，不在孩子的事情上轻率、妄动。我使自己纯洁、端庄，即使这些很好笑，我也愿意这么做。

小树被允许喝点饮料。爸爸主持仪式，姥爷先讲了几句话后，就让小树说几句。他想了想诚恳地说："感谢爸爸妈妈，爸爸妈妈养活了我。"

他说得认真和有感情，嗓音也很清楚、洪亮。谁都想不到他会说出这样的话来，说得姥姥姥爷、爸爸妈妈都有些感动了。

爸爸说："养育你，也有姥姥姥爷的功劳。"

爸爸是想圆满一下，他刚说完，小树就补充说："感谢大家。"

他又说得准确、圆满、从容和自然。

我看着六岁的孩子："感谢你小树，你为我们带来了这么多生命的新奇、喜悦与幸福。祝愿你平安、健康、快乐地成长！"

小树妈妈与家长们分享

生日，是一个孩子诞生的纪念日，也是父母亲给予了生命的纪念日，在过生日的时候，孩子感谢着父母的养育，父母也感谢着孩子带来的人生传递、喜悦与幸福。

心里有感激的人，才知道自己的所得，知道那些给予过自己的人。我也总是在自己生日那天，想到父母亲，想到他们日渐的衰老与我正在做的一些事情。

心里有感激的人，才会感觉到幸福。那些心里没有对他人感激的人，总是感觉一切都是自己应得的，甚至应该得到更多。他们不满足、不感觉幸运，所以也就很难感觉到幸福。

一个懂事的孩子是能够感受父母的养育之恩的，他们会因为这养育而感激和回报父母。如果不懂得这一点，孩子也就很难去感激其他的人，心里也就很难有感激之情。

☆烛光也能传递爱

1994年7月2日

初夏的夜晚，下了公交车，我们顺着山坡走回家，小树已经又累又困了，进了门，他喝了满满的一杯水后，便躺在沙发上不想动了。我端着脸盆给他擦了擦脸，洗了洗脚。我又端了一碗米汤让他喝了，他这几天咳嗽，喝中药喝得胃口不好，吃不下饭。我也累了，我们俩在沙发上歇了下来。这时，电灯突然灭了，整个楼都停电了，我点着了一支很细小的蜡烛，屋里才亮了起来。摇曳的烛光照着我和孩子，我想着刚才上坡的时候，我和小树还边走边改了一首歌谣。歌谣原文是：

从前有座山，山上有座庙，庙里有个缸，缸里有个盆，盆里有个碗，碗里有个碟，碟里有个勺，勺里有个蛋，蛋里有个黄，黄里有个小叮当，小叮当要喝绿豆汤。

我把它改成了：

前面有座山，山上有幢楼，楼里有个家，家里有个小妈妈，小妈妈有个小小树，小小树有个小肚肚，小肚肚有个小虫虫，小虫虫要把小肚肚咬个小洞洞。

现在我又修改了它的内容，并读给小树听：

山上有栋楼，楼上有个家，家里有盏灯，灯下有个你和我，你和我热得没办法，电灯电扇电冰箱电空调，都成了一堆大废物。

我改完了，烛光也微弱了。小树从沙发上爬起来躺到了床上，我也躺到了床上，汗水在我们的身上密密麻麻的像蚂蚁一样爬动。我找出一本薄薄的书当扇子，一下一下地为小树扇着。我担心他本来虚弱的身体热得受不了。我打开了所有的窗户，依然一丝风也没有，好在“书扇”扇出的一丝丝风吹着，他头上的汗水慢慢地干了。他一定是觉出了凉快，但他摆了摆手说：“不用扇了。”

“为什么不用了？”我问。

他没有回答。我还是继续给他扇着。我说：“气温超过了人的体温，就会感觉很难受。今天，上海比济南还热呢，到了39℃了。非洲人的头发是卷的，皮肤又黑又厚，就是因为处在热带的缘故。”

小树安静地听着，他喜欢听这些人文地理，他也因为静下来不像刚才那么热而想入睡了。我换了换手，继续着为他扇书。他闭了闭眼睛又睁开了：“妈妈，我想起一件事来了，你去把蜡烛灭了，省得最后烧了桌子。”

我起身去吹灭了就要烧尽了的蜡烛，心想小树这么一个小的孩子却这么有责任心，他还记得刚才点的蜡烛，而我已经忘记了这件事情。

“睡吧，好孩子。”我回来躺在他的身边，摇起了手中的书，很快就被睡意完全包围了，这时听到小树说：“你要是不累你就扇，你要是累了，你就停下。”

我明白了他不让我扇了的用意。这是一个六岁孩子对母亲的关怀。

我躺在停了电、熄了蜡烛的黑夜里。我的手在一下一下继续扇着，我有点累了、乏了，但我的心里涌满了爱和对命运的感激。我对小树说：“我小时候过夏天，我的祖母也一下一下地为我扇扇子。她还不时地在她身上或我的身上‘啪’的拍一下，拍打那些落下来的蚊子，也不知拍死了没有……”

小树让我在他身上也用书拍了一下，然后翻身睡着了。

小树妈妈与家长们分享

我年幼时，父母工作忙，祖母看护着我，给予了我很多的关爱，至今我还记得那夏夜里摇扇子、拍蚊子的情景。一代代人的生活方式改变了，但是爱依然没有减弱。我也是很爱年老的祖母的，寒冷的冬天，我会在睡觉时，先躺到她那边为她暖一下被窝。

在这个停电的、闷热的夏夜里，我为孩子讲述了一个爱的故事，同时，我也在付出着爱和感受着孩子的爱。

爱就这样在一代代人之间传递着。

☆心灵里有过的缺失

1994年7月7日

天气持续地热，小树今天说他头疼。我发现他前额、脖颈、后背上处处是痱子。我怕他中暑，让他躺在了地上的草席上吹风扇。小树一边躺着一边用手捻捏他的一件小针织背心，看到我看他，就问我：

“你知道我为什么喜欢这件背心吧？”

“你告诉我吧。”我让他说出来。

“你捏捏。”他抬了抬手说，声音很低很认真，像是在告诉我一个秘密。

这是他自小的一个怪癖，在睡觉前或孤独、寂寞的时候，手里总是拿着一件柔软的小衣物，一般都是这种针织小裤头、小背心一类的，并且捻捏着。我从他的手里拿开，一会儿他就会又拿回来；坐下吃饭的时候，他也会拿在手里捻捏着。第一次也许是偶然的吧，这些柔软的小东西正好在眼前，他便顺手拿到了，而后就形成了习惯。我无数次地看到他手里拿着它们在捻捏，特别在睡觉前，他总要用手捻捏着睡去，如果手里没有小背心，他就会捻捏着自己的衣领直到睡去。

我一直在猜测小树为什么会这样，这是一个什么潜在的原因导致的行为。也许是他出生后住院的那些日子，没有妈妈在身边，生病和治疗的痛苦使他需要一种依赖却得不到，从而在心灵里留下了缺失……

一开始，他完全是无意识的，后来我说过他，他感觉到了自己的行为，但是依然重复着。

我接过他让我捏捏的小背心，问他：“是不是小时候的习惯不容易改？”

他点了点头，还是低声和认真地说：“我不想改。”

我看着睡后的小树想，这真是一个谜。他捻捏的这些小衣物有一种棉的柔软、温暖的感觉，在成长的某个时期，或者仅仅是最初的二十几天里，他很需要却缺乏了这种感觉。

1994年7月21日

午饭后，摸了摸小树的头，觉得烫手，用体温表一量，到了38.6℃，赶紧带他去医院。路上，他就不断地说头疼、恶心，后来趴在我的肩头上哇地吐了出来，然后说恶心、肚子疼。我为他揉着肚子，不知道他这是怎么回事。

一位年轻的男大夫诊断为感冒，开了青霉素针剂。我看着小树因为高烧而难受的样子，跟大夫商量还是给他输液，因为输液能使病情控制得快一些。但是输上液以后，小树还是高烧不退，只是不再呕吐了。输完液以后已经快到下午时间了，我便想再找个大夫给他看看，免得误诊。我找了急诊室的一位大夫，查了血和大便后，大夫说是急性肠胃炎，需要住院。交了500元押金后，我们就住进了儿童医院。我抱着小树去病房，他哭着说不住院，还说他现在好些了。

护士过来为小树打针，小树哭着不让，他对住院有一种隐形的恐惧，他宁愿自己好了，也不住院。我劝慰着他，护士有些不耐烦了，说等劝说好了再打吧，转身走了。

我劝导着小树：“你记得妈妈给你讲过的《玛丽的故事》吗？她用不同颜色的蓝药片才能杀死不同颜色的细菌。刚才要给你打的药水就是杀死引起你发烧的细菌，你不输液、打针，怎么能杀死细菌呢？”

小树明白了："那好吧。"

我便叫了护士过来打上了针。

晚上，病房里只让留一个大人，我留下来照顾小树。他已经烧到了39.4℃，头干热着，嘴唇发白，不断地让我给他量体温，说体温一降下来就回家。但整个晚上他都高烧着，吃了第二次退烧药，还是毫无作用。

病房里已经找不到大夫了，我只好跟护士要了一些酒精棉球，为小树擦腋窝、四肢来降温。我一遍遍地做着，不敢有稍微的懈怠，也不时地为他量着体温，好在体温保持在了39.2℃左右不再上升。酒精棉球用完了，我又去问已经关门睡了的有些不耐烦的护士要了一些。墙上的时钟从晚上10点到凌晨一点点地度着。3点左右的时候，小树出了一身大汗，终于退了烧。

我松了一口气，给他倒水喝。他看着我说："你今天晚上不睡觉了？"说的时候充满了歉意。

我高兴地说："妈妈担心你，睡不着。"

一夜的时间，小树的体重减了两斤，脸又黄又瘦，腹泻了10多次。天亮的时候，大便里有了些脓血。

小树妈妈与家长们分享

在生命的早期，小孩子的心灵充满了渴望与需要，那一声声啼哭、不安中传递的不只是饥饿、寒冷，或者要大小便。

母亲要时常抱起孩子来，让孩子贴在自己心脏的位置上，拍拍他，跟他说说话，不要认为他们听不懂，有些词语他们可能不懂，但是这些温暖都会留在他们的心灵里。

一些特殊的遭遇，或者忽视、粗鲁，都会为孩子留下一些心灵的缺失。21世纪以来，人类出现了更多的心理问题，青少年犯罪、自杀率都在上升。

弗洛伊德发现了人类童年的经历留下来的一些潜意识行为。现代心理认知学家也一直在研究生命早期的经历与人生的关系。可以说，我们每个成年人的身心，都受到童年的影响。

发现了小树的小怪癖以后，我开始学习一些儿童心理学知识，它们对我很有帮助，并且让我通过自己与孩子，也理解了一些人类养育中的普遍现象。

☆理解生物性——哪只猴子好

1994 年 8 月 7 日

为小树讲了一个有些残酷的生存故事，这是我第一次这样告诉他撒谎和“坏”对自己的生存有利。

我讲的是在类人猿时代，有两只猴子在一处山坡上居住，A 猴聪明利己，B 猴比 A 猴不聪明不利己一些。

在他们生存的年代，地壳发生了变动，气候也发生了变化，山坡上不再长出一片片小树木和水果。几个月过去后，可吃的食物基本上没有了，饥渴难耐、体力不支的时候，A 猴和 B 猴轮流去寻找食物。A 猴寻找到一些干小树叶，他自己吃掉后，回去对 B 猴说什么也没找到。B 猴又去寻找，B 猴找到了一些小树叶，回来后平分给 A 猴，这样 B 猴只吃了一半的小树叶。A 猴这时已经吃得比 B 猴多了。在水源问题上他们也是这样。B 猴渐渐衰弱下去，直到再也起不来了。A 猴想了想，偷偷拿起一块石头把 B 猴打死了。他就靠 B 猴的血肉维持到了雨季来临，地壳又一次变动，植物逐渐泛绿了。A 猴生存了下来，并有了小猴子。

小树一直不说话地听我讲完。我问他：“B 猴好不好？他诚实，把什么都与朋友平分，最后被 A 猴打死了。”

小树说：“B 猴好。”

我又问：“A 猴好不好？他聪明，骗了 B 猴，自己多吃了小树叶，最后打死了 B 猴。”

小树说：“A 猴不好。”

在道德与是非上，小树这么简单地明白了。但我的用意不在这里，我想告诉他另一些意思：不要简单地做B猴，要有生存的感悟和必要的利己。这就是"境遇伦理"。

我说："如果A猴不这样做，两只猴子都可能饿死，都饿死好不好？如果A猴不这样做，他自己也可能生存不下去。A猴不好，但是他继续生存了下去，而B猴好，却被A猴吃掉了，这是不是很可悲？"

"是很可悲。"小树说。

"所以，有时候，一些撒谎、欺骗、利己行为是不能简单地全都否定的。在特殊的环境下，应该保证自己的生存，对吧？比如，在战争中，对那些敌人，他们要你告诉你们的作战方案，你能告诉他吗？这时候，你是可以撒谎的。"

小树似乎明白了，但他没有再说话。这些深刻的生物性，他现在知道还太早了。这些生存的故事也太残酷了。但是物竞天择、弱肉强食、适者生存，我们现在看到的很多繁盛的植物、动物，大都是像A猴这样生存下来的。植物中有绞杀、寄生植物，动物中有狮子、豹子、老虎，人类也经常侵夺同类、吃掉一些动物。

这个故事也很不符合我自己的生存思想，所以讲完了这个故事，我很期望这样的生存方式不要发生在小树这一代孩子们的身上，在他们成年以后，人类会有互利、共存的美好生活。

小树妈妈与家长们分享

在我童年读过的一些故事中，很多美好、善良的人，被坏人欺压，甚至杀害了，他们感人但是让我悲伤。

我有着强烈的是非、道德观念，宁可失去自己的利盗、牺牲自己的生命，也不会做一个坏人。

但是我也经常想，如果好人更有能力，他们就能够保护自己，战胜那些坏人。

北京的一个14岁的孩子，上公交车时看到有人在偷窃，他大声地喊着捉小偷，冲上去抱住了那个偷窃的歹徒。歹徒急于逃脱，掏出刀子捅向了这个勇敢无畏的孩子。在医院的抢救室里，母亲抱着这个孩子痛哭，这个孩子留给母亲的最后一句话是："妈妈，我不想死。"

我想要教给小树一些分辨是非与保护自己的观念，所以编了这个猴子的故事。

人性也是复杂的，让孩子们理解一些生物性，就会减少一些无知的失误。

☆孩子心里也有诗意

1994年8月13日

秋天来得是这样快，一阵秋风就把夏天吹走了。天气是这么清爽宜人。

秋天到来的时候，我情绪里总有些隐隐的感动。身体还好，还有些精华、力量的年纪，我想得好好地感受生活，做好一些事情，也让孩子好好地感受季节的变换。

晚上停电了，一家人围着蜡烛吃饭，秋风、细雨在外面飒飒响着。我提议一家人作诗，并鼓动小树先作一首。

小树看了看窗外，真的作了出来：

秋风吹，秋天来，

天气变凉，小树叶枯黄。

狂风一过，

小草一歪。

他的诗把爸爸笑得弯了腰。他觉得小树的诗后面两句最好，因为最好的诗句都是奇特而不合规矩的。笑完之后，爸爸也作了两句：

秋风秋雨天气凉，

妈妈给小树换衣裳。

我想了想也凑了几句：

秋风秋雨在外面歌唱，

爸爸妈妈和小树围着烛光；

家里很温暖很明亮，
这些美好的事情都记在了心上。
我们的诗作都太简单平白了，但这才应该是好东西。

小树妈妈与家长们分享

诗歌与音乐、舞蹈、绘画等艺术一样，都来源于我们的生活。当我们心里有诗意的时候，也就有了美，有了情感。

小孩子也想表达美和情感，所以他们的心里也有诗意。

在一些美好、安静的时光里，不妨也让他们来作上一首诗。这样的诗，不必多么押韵合体，只要是即兴、快乐就好。

如果不喜欢作诗，让孩子唱歌、弹奏乐器、跳舞、讲故事也行，它们都能够增加孩子的审美与情趣。

☆让长城留在心中

1994年9月1日

买上了去北京的车票，带小树去北京。

北京是中国最大的一个城市，是政治、经济、文化的中心和无数帝王居住过的地方。对北京，我和小树都有着一些向往。我去北京的次数很多了，这次去是因为一本要出的书稿，我很想这书稿成书以后能对社会有些作用。小树的向往肯定与我不同，他还小，还不能负载起自己，他只是向往一座新鲜的城市，向往同爸爸妈妈去旅游的玩乐，向往北京的风景名胜。他很兴奋，跟着我们像一只要展翅的小鸟。在火车上，他伏在车窗上看外面倒退的景物，然后不时地提出一些问题，直到困倦了，才躺下睡去。

1994年9月3日

我们来到了中国科技馆。

小树跑来跑去地看那些奇妙无比的机械现象、声学现象和光学现象，那模仿的雷电、涡流、传声器，还有可以动手搭建的拱桥，都让他入迷。

“科技馆真好玩！”他感慨地说。他还弄不懂这些物理、化学现象背后的原理，但这些现象引起的惊奇已经作用到了他的心里。

我要求他：“你得仔仔细细地看，认真看，不能光跑来跑去的。”

他答应着：“行，妈妈。”

1994年9月4日

初秋的北京，中午炎热，早晚凉爽，出门在外有些水土不服，我和小树都感冒了。小树的嗓子沙哑起来，但他说不疼，说他没病，因为他不想耽误出去玩，路上累得不行的时候，我说要背着他，他想了一会儿说：

“我不累了，你累，我还让你背着，那叫什么男子汉！”说完还真是咚咚咚地走到了我前面去。

我们看完了特特乐科幻探险宫，又游了九龙宫，这是一座建在十三陵水库底下39米深处的游乐宫。我们坐了传送车在上面转来转去，看到了九龙盘旋，龙王说话，十分形象逼真。小树评价说：“这又好看，又不用害怕。”

游完了九龙公园，又去看了皇帝的陵墓，最后去爬长城。

小树对长城最感兴趣了。开始攀登了，我不时地仰望着那蜿蜒起伏之处，累得不想走路了。小树也很累，但他依然要上到长城最高处。他好像很信仰“不到长城非好汉”这句话。

秋风拂衣而吹，长城高而险峻，但我们终于爬上了最高处。站在长城上，我给小树讲述了长城的历史和作用，并一起眺望远处一个个山头上的烽火台。离开的时候，一家人合了影，我还给小树买了一枚长城纪念章。他把它戴在胸前，然后一颠一颠地跑下了长城。

下了长城，在熊猫馆前面，小树用相机为我和爸爸又拍了些照片。游览十三陵的时候，他也给我们俩拍了一张合影，但是他给我们俩拍完了以后，捂着他掉了四五颗牙的嘴不住地笑，我问他：“你为什么笑？”

他说：“我给你们俩照相时，只照了妈妈，把爸爸照出去了。”

爸爸不高兴地说：“你这个捣乱的孩子，你是故意的！”

小树妈妈与家长们分享

据说，在月球上能够看到的地球上的建筑物不多，但是能够看到中国雄伟、蜿蜒的长城。

这条古老的长城，承载着悠久的历史，那一块块青砖，留下过守城将士的脚印。登上长城的最高处，北方的山峦、平川尽在眼前。冬天，会有朔风吹来，秋天则植被莽莽、丛林尽染。伫立在瞭望塔前，你仿佛能看到千军万马、烽火点点，听到阵阵厮杀声。

这也是国内外游客来看长城的意义。

大自然的纷繁、壮丽，能够让孩子领悟生存的进化，而人文景观能够让孩子感受到历史的起伏与沉淀。

带小树去看长城，给他讲述着长城的历史和作用，他不时地询问和沉思，把这一宏伟的建筑连同一些人文历史都留在了心中。

☆读懂与回应周围的事物

1995年4月7日

今天接小树的时候，他说肚子疼。我看到他指的是胃的位置，可能是饮食不当的问题。

“回家吧，不玩了。”小树坐在地上说。他一定是很不舒服，平日他身体舒服时，总会留在幼儿园里玩，叫都叫不走。

我蹲下来扶着他：“你上厕所大便一下，看能不能好？”

小树上了厕所，他有些腹泻。从厕所出来后，他说肚子不疼了。

我们很快就回了家。小树自己看电视，我忙着打水做饭。过了一会儿，我听到了琴声，他看完了电视自己练琴去了。我听着一个个琴音，也是认真、用心弹出来的。过了一会儿，小树推开了厨房的门对我说：“我练完了琴，也刷了牙了。”

我摸了摸他的头，感觉他是这么懂事的一个孩子。

1995年4月18日

在幼儿园玩一会儿，今天我们不急着回家。

小树在水边玩水时，班里的一个小女孩叫着他的名字走了过去。小女孩叫杨柳柳，她大人样地等在一边，盘着两只手看小树玩水。由于小树在专心玩水，小女孩便转向了我说：“小树是我们班的第一笑星。”

“什么？”我没有听清楚。

小女孩又说了一遍，听清楚以后，我忍不住笑了。我问：“他怎么成了第一笑星呢？”

“他最会讲故事、讲笑话了。他讲得我们都哈哈大笑。”小女孩告诉我。

“那谁是第二大笑星呢？”我想通过进一步的询问来证明一下小女孩的话。

“第二大笑星是任超然。第三大笑星是……”小女孩一一地说着。

幼儿园的孩子们也采用成人世界的标准和语气来评价小伙伴了。回家的路上我问小树：“你真是班里第一笑星吗？”

小树笑眯眯的，没有吭声，他不否定、反驳的事情就是属实了。我高兴地看着笑眯眯的小树，这个孩子已经在好多方面开始显露出了他的特点，在家庭经济条件、教育背景普遍优越一些的省委幼儿园里，他被誉为了笑星一定有些特殊的表现。

回家后，我便一直叫他第一笑星。

1995 年4月23日

每个孩子的品行都会在成长中显露出来。

今天我们过马路，我急着走，路口的绿灯还没有亮我就往前走了，值勤的交警向我示意了一下。

小树上前把我拉了回去：“你怎么不看红绿灯呢？你这是违反交通规则，要是行人都跟你一样，警察叔叔怎么能管过来，不就出事故了吗？”

他说了我很多，都很有道理。

小树在一些事情上也很克制，给他买的一些食品，告诉他最好饭后或者回家再吃，他总是坚持到你说的时间；他也很善解别人、知道别人的意图和需要，并且在一些事情上很照顾别人。有一次吃饭的时候，他看到自己面前是一碗特意做的炸酱面条，而爸爸吃的是碗白米饭，我在吃馒头，他就放下碗到厨房去了，我立刻听到一阵锅、碗的响声。一会儿，他端着为他煮面条剩下的小半碗面条回来，搁在我面前了。

他在一些事情上，还很不计较，显得大度和有胸怀。我叫他刷牙或者洗手，三五遍唠叨后他不动，我的声音就大起来，他最后还是磨磨蹭蹭地去干了，边干边说："好，听你的。你这个熊脾气哪！"

小树真是个好孩子——当他感受、认识到一些事物的规则，就作出回应，并且去做好的时候，我就会在心里这么想。

小树妈妈与家长们分享

有些孩子小小年纪便很懂事了。懂事就是他们能够理解环境与周围的人事。有一次过马路，一位老妇人提着的塑料袋破了，里面装的苹果滚了出来，几个刚放学的孩子都弯身去帮着她捡。一个大眼睛的女孩子还喊着："快，红灯亮了，小心车。"

我当时很为这几个孩子感动，他们能够懂得他人的需要，对环境有着很好的反应。在他们的成长中，父母、其他家人一定是很懂得和满足他们需要的，并且让他们从中学到了回应的方式。

也有些孩子是不很能读懂环境与周围的人事的。有一次坐火车，我与对面的一个五六岁的小男孩说话，我友好地问他几岁了，叫什么名字，他一概不回应，并且不屑地看着周围的人。他的母亲在旁边，没有提醒孩子回应，在他人与她交流时，她也很少回应，只顾与孩子不停地吃着各种小食品。

人类是社会性生物，是需要交流与读懂周围的环境、人事的。读不懂与不予理睬都不好，读不懂是能力问题，不予理睬则是生活态度与观念问题。

☆心灵也要防卫与保护

1995年5月30日

公交车总是很拥挤。今天我上公交车的时候，看到一个粗壮的男人把身前一个穿着校服的孩子一把拽了下来，他自己挤上去了。

这个男孩子委屈、无助地看着这趟车远去了。

回家跟小树讲述这件事情时，我也在想，对孩子也不能只讲一些自律、良知、美好的人性，因为只接受了这些方面教育的孩子，在复杂险恶的生存环境中，就容易遭受伤害。

小树已经表现出了这方面的弱点，他从不要别人的东西，包括玩具和食品，也不会去抢别人的东西，但他有时会被其他孩子从手中抢走东西。他有了好吃的，即使自己不舍得吃的，即使心里不愿意给别人，也会让给别人……

我发现了我教育孩子的一些缺陷了，以后得注意培养孩子一些防卫与保护自己的能力。

1995年5月31日

晚上散步，小树带了两根长棍子，给爸爸一根，他自己留在手里一根。

爸爸说："这棍子如果遇上坏人是没问题的，要是遇上'巨鼠'就不起作用了。"

巨鼠是一个童话故事《巨鼠盗历险记》里的一群体型巨大、具有神力的老鼠。它们不怕枪，不怕电，一口就能咬断人的喉咙。

小树说："遇上巨鼠，我就跟它们拼了。"

他们俩的对话，让我有了一个想法。我进一步问小树："要是咱们三个人遇上了巨鼠，只有一个人能活，让谁活呢？"

小树没有回答，他在考虑这个问题。

"要是一个人挡着，另两个人就能逃走了，但挡着的人却可能被巨鼠吃掉，让谁去挡呀？"

这次小树回答了这个问题："让我挡着！"

他的回答让我心颤："不，你是孩子，我会先把你抱起来保护着，然后把你扔出危险区，让你活下去。"

我摸着这个六岁孩子的头，感到我同时摸到了一颗勇于牺牲自己的心灵。而我是会像我所说的那样去做的，我知道一边没有说话的小树的爸爸也是会这么去做的。我们三个人都有着保护别人的心灵……

我们互为榜样，互相感动着、影响着。

我由此又想到了另一个问题：我们都是这样对待我们的爱人、亲人，可我们怎样去对待我们的敌人呢？我没有说出我想到的这个问题，只是在回来的路上，一直在思考。

小树妈妈与家长们分享

小孩子的心灵是很容易受到伤害的，也大都是被成人的行为伤害的。那些辱骂、威胁、欺骗、不公正，都会伤害他们的心灵。

一个就要参加高考的男孩子跟我说："阿姨，我们班学习成绩很差的一个学生被保送了，你相信吧？她爸爸有权力。我再也不相信还有什么公平的事情了。"这是一个看上去阳光、开朗的男孩，一件不公正的事情就伤害了他人生的信念。

小树也曾经被伤害过。一天，老师因为他站队时与同学说话，揪去了他的红领巾，而在他看来，红领巾是那么重要，是一个好孩子的标志，所以他为此大哭了一场。

在为孩子讲述一些美好行为的同时，也教授给他们一些防范危险与保护心灵的方法，就像现在有些学校，在新学期开始时，对孩子进行一些防火、地震自救、防抢劫等安全教育一样。

在小孩子被伤害以后，要多宽慰他们，为他们解释一些事情，让他们在理解以后，心情慢慢地平复下来。

☆放手让孩子去做事情

1995年7月24日

下午，我在家里写作。外面的太阳很好，小树要我和他一起出去玩，我说我要为一家杂志赶一篇稿子，他便说他要自己出去，我答应了他。外面的世界有很多危险，来往的车辆、不良用心的人，我很少单独让孩子自己出去，但今天我让他单独出去了。他已经七岁了，不能总是在家里和父母一起。

孩子幼小的时候，是属于父母亲的，父母亲是他的保护人；逐渐地孩子成长起来了，他就不仅是属于父母亲的了，他还属于他的小伙伴、他的学校，再以后他还要属于社会，属于他的家庭、他的孩子，属于整个人类世界。

我必须得让他自己开始单独出去。

我不放心地开着门，看他走下楼梯，大院里有个水池，我经常不放心地叮嘱他，不要趴在水池边上往下看。我听到他一边下楼梯，一边在自言自语："注意水，注意车，还要注意下楼梯。"他把我日常叮嘱的几件事情都记住了。

我又转到后窗看他，看到他向水池那儿走了过去，而水池边正有几个大人在纳凉，我这才放心了。

1995年8月1日

下午照例带小树去学琴，刚下过大雨的路上还淅沥着小雨。我骑着自行车，很喜欢在细雨中载着孩子向前走。走到一处公用电话亭前，我给了小树五角钱，要他去给爸爸打个电话，告诉他晚上一起到姥姥家吃饭。

我现在经常让小树独自去做这些他能做的事情了，这对他自立有好处。我看到他拨了一串号码，然后对着话筒说起了什么，就知道他已经找到了爸爸。打完电话，我还看到电话亭子的主人在夸赞这么小的孩子自己会打电话，这让我心里很欣慰。

小树妈妈与家长们分享

婴儿是被父母抱在怀里的，幼儿是被父母领在手里的，等孩子六七岁了，要走出家门了，就像风筝一样是被父母遥控着的。很多父母紧紧地攥着手中的线，生怕稍一松手，孩子就出什么问题，而孩子一离开，马上就把他们往回拽，这样是会妨碍他们的自由与成长的。有的父母甚至在孩子成年了以后，还紧紧地攥着手中的线，甚至代替孩子去找工作，决定爱情、婚姻等重大事情。

而孩子总是要长大的，放手让他们独自去做一些事情，能锻炼他们的心智，增加他们的经验，也是他们有能力了的表现。

刚开始，可以让他们做一些家务活，如洗衣、拖地、做饭等，逐渐地可以放手让他们独自走出家门，去做一些力所能及的事情，如去同学家做作业、到楼下跟小伙伴玩、坐公交车去奶奶家等。父母可在事前与孩子要去的同学、奶奶家说好，在孩子去后再询问一下孩子是否顺利到达。

我曾经遇到过一个自己背着画架、行包四处艺考的17岁女孩，她联系北京、上海、山东的学校，买车票、找地方住宿，所有的事情都是自己考虑、一一地去做好，最后一场考试时她感冒发烧，但还是坚持了下来，最后顺利地考进了北京服装学院。而她身边的考生，基本上都由父母陪同着，孩子只管考试，由父母打点着其他的事情。有的孩子考试没有发挥好，还冲父母发脾气。

父母永远是牵挂孩子的，但只有放手，让他们独自去经历一些风雨、世事，他们才能真正地具有生存的能力，并且超越父母。

☆ 上小学了，开始新的成长

1995年8月22日

明天，小树就要上学了，一个孩子就要开始他生命的新阶段了。晚上，爸爸和他一起准备好了书包里的铅笔、本子。我开始考虑他明天要穿的衣服。小树很听话，他头一次认真地听完了爸爸妈妈对他的一些叮嘱，然后刷了牙，洗了脚，上床睡觉了。他的神情里有一种向往和严肃，这种神情让他看上去长大了。

孩子真的就这么长大了。

我在他睡后想到这些心里很虔诚、很感动。我想让孩子走好这人生新阶段的第一步，也好好地走下去。从小学到考大学，要十几年的漫长时间，孩子和我都会有很多辛苦。这十几年的主要任务是学习，要一个孩子学习好，平日就得学习得法和扎实，凭小树的心智是不成问题的，但方法与扎实都需要父母与之一起来努力。

而安全、健康地成长更是我期望的。

我的小树明天就要上学了，我又重复地写了一遍这句话，心头有一种很深沉的情感。

1995年8月23日

今天是小树上学的第一天。早晨，爸爸用摩托车送他的时候，我坐到了摩托车的后面，我说今天是小树开学的第一天，我也要去送他。

小树分在一年级一班，教室门口围满了前来送孩子的父母。小树背着他的书包坐到了第一排的一个座位上，他端端正正地望着老师，像个好学生的样子。老师是一位年轻文静的女老师，她拿着点名册对照着每一个孩子。看到这么多的学生和这个年轻的女老师，我就想到了我小时候的老师和我的做小学老师、性情温良的妹妹，我就有一种感动，我更为小树的神情和他开始了的新生活而感动。

离开学校的办公大楼走出校园时，我的眼里突然溢满了泪水。我说不清这眼泪有多少含义。太阳照在我朴素的衣服上，我想这么慢慢地一个人走一会儿。我今天特别让衣服和心情极为朴素，因为这样更适宜于母亲。

孩子一天一天地长大了，母亲一天天地衰老了。这生长和衰老的更替也让我满面泪水。

小树妈妈与家长们分享

孩子要上学了，这真是令父母喜悦与感慨的事情。

上学的第一天，也是孩子生命的一个纪念日。

上学前，在帮小树准备上学用的书包、文具时，我就满心喜悦，而在送他去上学、看他回家后趴在小书桌上写作业、跟他谈论学校的老师与同学，我都与他一样新奇与高兴。这是他崭新的经历，也是我崭新的经历。

把孩子养育到这一天的父母，都会像我一样喜悦与感慨。在这个人生的新起点上，多给予孩子一些关注吧，为他买一个实用的书包，颜色鲜艳、背带宽一些的，这样过马路醒目，背起来也不压肩。然后陪他熟悉一下上学、放学要走的路，在他不适应的事情上帮助他，看他做完第一次作业，听他说说学校里的事情，并且告诉他应该尊敬老师、认真地听课、友好地与同学相处。

此后，每一天，我们将殷殷地送孩子走出家门，然后等待他们平安地从学校回来，而且不时地带回成绩单与其他成长的消息。

☆怎样听课与做好作业

1995年9月1日

前几天是训练，今天正式开学了。

许多父母都在看着自己走进了学校大门的孩子。我也站在家长止步线的外边，看着小树背着重重的书包和水壶有秩序地走进了大门的身影。他看上去有点不堪重负。一年级的孩子在庄严的校门与书包的对照下都显得很弱小，社会对他们的要求太早、太高了，而他们确实还是些小孩子。

十一点了，我站在门口等着放学出来的小树。小树在队列里看到了我，向我挥着手臂。他显得很高兴，精神也很好。我领他上了班车。我很想知道他今天在学校的一些我不知道的事情，但我还是先问了他的感觉：“小树，你喜欢学校吗？你觉得老师怎么样？”

“挺好。”小树高兴地说。

我也高兴了起来。孩子的高兴和喜欢学校，说明他轻松和没有压抑，没有什么能比孩子高兴和喜欢好。

“今天上了什么课？”

“上了语文、数学，还有美术、体育课。”

“你都听懂了吗？你举手回答问题了吗？”

“听懂了。我回答了很多问题，老师都表扬我。”

“真不错！”我也因为老师的表扬而表扬了他。我知道刚上学的课是没有什么重要内容的，老师提问的问题可能也都是些不具体的内容，而回答和表述这样的问题正是小树的所长。他的知识面比较宽泛，也很有思想。

“美术老师问了什么问题？”我选了一个他可能最感兴趣的课。

“老师问什么是艺术？”

“好大的一个题目啊！你回答了吗？”我有些惊讶。

“回答了。我说剪纸、画画、手工这些都是艺术。有的小朋友光说艺术就是画画。”

“你回答得比较全面！”我又肯定和表扬他。小树在这个问题上回答得真是很好，因为要六七岁的孩子回答艺术是什么真是太大了的一个问题。

“不管上什么课，都要坐好了，眼睛看着老师，把老师讲的内容都听清楚，哪里不懂就举手问老师。”我告诉他应该怎样听课。

“我知道，老师讲的我都懂。”小树真实地说。

1995年9月4日

这几天的心思几乎都转移到小树的上学上，早起做饭，然后跟着院里的班车送小树上学。午饭后再送他去学校，到下午四点再接他回家。

晚上回了家，先看着小树做作业，做完作业再练一会儿琴，就到了睡觉的时间了。这一天也就差不多过去了。

小树刚上学，应该逐渐地有一些合理的秩序和好的习惯。这几天我就放下了一些别的事情，帮他打印了课程表、时间表，看着他写作业，带着他坐班车熟悉来回上学的路。我想大约一个星期，他就能基本上适应了。做这些事情的时候，我想这真有点像老鹰教小鹰飞行、老猫教小猫捕食。这是自然界普遍存在的现象，也是母亲必须给予孩子的。

1995年9月5日

小树第一次的学校作业得了甲，第二次的作业得了甲 -。

第二次的作业是在爸爸的办公室里写的。爸爸忙着报社里的事情顾不上指导他，他匆匆地就在作业本上写完了，外面还有个小伙伴在等着他玩。

我回家看了一下他的作业本，想刚开始学习，一定要认真的，这就像最初的一块原木，你切了个什么样，它就是什么样了，很不容易改变。环境对小孩子的作用很大，因为他们完全还没有识别和自知的能力。

小树妈妈与家长们分享

在学校里，孩子在经历着他们人生的很多第一次。他们也许还不知道怎样听课、举手回答老师的问题，也不知道怎样写作业。

家长要关注孩子经历的这些第一次，给予他们及时的纠正与指导。聪明的孩子，会由于学习好受到老师的表扬，顽皮的男孩子也会不时地被老师点名批评。

刚上学，要帮孩子养成三个好习惯：一是认真听课；二是做好当天的作业；三是晚上睡觉前收拾好书包与第二天上学要带的东西。

这三个习惯形成以后，就能够使孩子基本上适应学校的生活了。

而在孩子上学以后，家长随之也要注意做好下面两件事情：一是每天孩子回家后，与孩子聊聊天，了解一下他的学习情况以及学校里发生的一些事情；二是记下班主任和孩子的几个好朋友的联系方式，以便孩子没有按时回家，或者有其他事情时可及时询问。

☆老师，宇宙的边缘在哪里

1995年9月2日

中午放学，与小树到姥姥家吃饭，路上，他从口袋里摸出了一颗彩纸折的小星星递给我，说是音乐老师奖励他的。

“老师为什么奖励你？”我想知道原因。

“我举手问了老师一个问题。”小树皱着眉头，好像还在想着他的问题。

“你问了个什么问题？”我继续问。

“我问老师宇宙的边缘到底在哪里？老师说她也不知道，就奖励了我这颗小星星。”我抚摸着这颗小星星，它是一个孩子可贵的好奇心与一位老师的理解和爱心。小树从小对天文感兴趣，他一直想知道宇宙的边缘在哪里。这个天大的疑问一直困扰着他，所以一有机会他便询问那些可能知道的人。他一定是在老师让同学们有疑问可以随便提问的时候，举起了他的手，然后站起来极为认真地询问着老师，并且期望着老师能够告诉他。好在这位音乐老师很理解他，不仅没有批评反而奖励了他。

我的心感动着，我想再去学校时，一定要去认识和感谢一下这位老师。

“在学校里，你有什么疑问就大胆地问老师，老师如果知道就一定会告诉你的！有些疑问，小学老师不知道，中学、大学老师就可能知道。你自己也可以通过读书找到答案。”我也鼓励他。

“书里面没有。我读了那么多书，里面都没有说宇宙的边缘在哪里！”小树忧虑地说。

“那就等你长大了，自己去探索、发现宇宙的边缘吧。原来人们还以为是太阳围绕着地球转，哥白尼就研究发现了是地球围绕着太阳转；人以前也没有登上过月球，现在阿姆斯特朗不就登上了月球吗？”我引导他。

小树沉思着不说什么了。

小树妈妈与家长们分享

小孩子心里是有很多疑惑的，所以他们总是问一些“为什么”，这是他们求知的欲望与方式。

我至今还很感激小树小学时的那位音乐老师。上课的时候，小树突然站了起来，他疑惑地问正在教唱歌的老师，宇宙到底有没有边缘。这件事，表现了小树的不平凡，但也表现了他只沉入自己的问题中，没有去想在音乐课上问这样的问题是否合适。好在这位老师不但没有批评小树，她还在下课的时候，特意奖励了他一颗纸折的小星星。

孩子能够遇到这样的老师是多么幸运！

但是应该说，学校里这样的老师还不是很多。

如果孩子难以遇到这样的老师，就让父母成为能够这样理解他们的家长吧。

但是也有不少家长，他们在孩子询问为什么的时候，没有耐心去回答他们。

我经常听到一些父母会说：“问你爸爸去，我忙着呢！”

“小孩子问这些事情干什么？我还不知道呢！”

如果小孩子的疑问能够得到解答，他们就会很满足，并且保持着对事物的兴趣；如果经常被斥责，或者得不到解答，他们逐渐地就会不再提问，并且对一些事物失去兴趣。

☆弹琴，是为了了解音乐

1995年9月7日

中午小树小睡了一会儿，起来后精力格外好。他在我的身边认真做了一下午作业，然后又练琴。昨天的曲子他因为精力不好，只弹了6遍。今天他弹了9遍了。他一遍遍地重复着，头一次不像以前那样烦恼了。他要我先把曲子给他遮盖起来说“预备起”，然后拿开遮盖物，他再开始弹。也许孩子都是通过玩的方式才能使学习成为愉快的事情，反正他今天弹得格外轻松、愉快，而没有说他弹够了。

在让孩子弹琴这件事情上，我违背了自己尊重孩子、让他自然成长的原则。我坚持要他弹下去，没有因为他无数次地说他不喜欢弹琴而放弃。我想以自己儿时的遗憾来避免他以后的遗憾，我相信他现在不懂、不喜欢而又有必要做的事情，母亲是有责任帮助他的。

在弹琴的过程中，我经历了与小树的冲突与艰辛，他因为贪玩，每一次学琴都很被动。他几次对我说：“我最不愿意做的事情就是弹琴了。你为什么要强迫我做不愿意做的事情呢？”

我有时不能回答他，只是想很多办法要他练习。每天，我先学，然后看他弹。我们的艰辛在时间中过去了，今天明显有些不同了。小树弹完琴转回头来，用他亮晶晶的眼睛望着我说：“妈妈，有时自己做好了一件事情心里真高兴。”

我明白他的意思，赶紧补充他想说还没有说出来的内容：“是的，你弹好了琴，或者做好了其他需要做的事情以后，就会有一种自己努力了、很充实的感觉。”

“是！”小树回答着，又解释着，“就是你觉得你自己做完了，也做得挺好的感觉。”

“对，就说你弹琴吧，你一天天弹过的音符，都融进了今天的手指动作里去了。它们都有了作用，使你今天能弹难度这么大的曲子了。”

但小树用手翻翻厚厚的一本琴谱说：“已经学了一大本了，但过去的我都忘了。”

“你没有忘，它们都融进今天弹的曲子里了。你不学，就不识谱，不知道指法，不了解钢琴怎样演奏。你今天拿过来就能弹，这是一天天练习来的结果呢。就像一个运动员，他登上了最高峰，全世界的人都为他欢呼，他站在了地球的最高处，但他如果不一步步地向上登攀，刮风、下雨、打雷也登，在不愿意登的时候也坚持登，他能到达山顶吗？”

小树认真地领会着。

我继续说：“如果有一天，你很伟大了，在思想上或者科学研究上，人们说你了不起，不光说你显著的学术成就，还说你能弹钢琴。你说，那不就是今天努力的结果吗？”

“是。”小树真正明白了，他是一个很能领会事物内涵的孩子，我在他的额头上亲了一下，我说我今天也很高兴，然后又说了让他弹琴的目的：“有些孩子弹琴，是想成为钢琴家；妈妈让你弹琴，只是想让你通过这种学习来了解音乐，让你有更多的修养、更美好的人生。妈妈小时候没有条件学习音乐，所以不会乐器，也不会唱歌，你说很遗憾、很笨吧？”

我说我自己很笨的时候，小树忍不住笑了。

小树妈妈与家长们分享

有些孩子学习艺术的过程是很艰难、痛苦的，家长们粗暴地逼迫着，并且期望他们成名、成家，他们为此不惜打骂孩子。一位母亲告诉我，她为了女儿学钢琴，有一次一巴掌打在女儿的太阳穴上，当时把女儿都打晕了。

其实大部分孩子是成不了艺术家的，也没有必要把他们都逼成艺术家。他们只是通过弹钢琴、唱歌、跳舞等方式来了解、学习音乐，以增加人生的修养，让人生更为美好。

家长如果能以这种心态来要求孩子，并且跟孩子说一说学习、了解艺术的方式、目的，孩子理解了以后，他们就会快乐起来。

小树学了几年钢琴以后就不学了，他喜欢上了吉他，报了一个培训班学了半个月以后，就开始了自学，从网上下载学习方法与一些曲目。他是如此喜欢吉他，在紧张的学习中，一弹起吉他来，他就轻松、快乐起来。音乐让他释放着自己的情绪，弹琴也让他更为心灵手巧。有一次，我纫不上针，他拿过去用一只手拿着针线就纫上了。他还带着班里的几个同学学吉他。在大学的晚会上，他的吉他演奏也成了同学们喝彩的节目。

音乐真正地成了他的修养与生活所需。

“屠龙”与“屠猪”

☆哪个工作好

1995年9月16日

中午炸了刀鱼，小树喜欢吃鱼，他自己择着刺吃，吃得津津有味，吃得很让人放心。看着他不断增长的生活能力，我很高兴。我想到了我前几天看到的一则寓言，就给他讲：

“有这么一个人，他很聪明能干，学习了一门技术：屠龙。什么是屠龙呢？就是杀龙，剔龙骨、挖龙眼……他学得很好。但他的几个朋友都学习了屠猪术，他们也都很聪明能干。屠猪术就简单多了，猪又笨、又多，又比龙小。有了技术后，他们就都去找工作。那几个学了屠猪术的朋友很快找到了工作，但学习了屠龙术的这个人却到处找不到工作。”

“因为根本就没有龙。”小树插嘴说。

“是的。”小树看到了问题所在。我接着问，“你知道这个故事说明了什么吗？”

“就是不要学习没有用处的本领。”小树回答。

“是啊。”我知道他听懂了。

这个故事也许会对他以后的生存选择有些作用。我给他讲这个故事不是偶然的，这几天，我不时地想到屠龙与屠猪的问题。我自己选择的“母性”研究与写作，在某种程度上，也像屠龙术，到了高深而几乎无用的地步了。但我还是不喜欢只做从众的、实用的事情，而喜欢去探索一些特殊的境界。我是要让小树懂得屠猪术的实用，也懂得屠龙术的稀有、高深，从而进行他的选择。

小树妈妈与家长们分享

父母的人生观、价值观甚至审美观都对孩子有很大影响。

我是一个不很实际的人，喜欢做那些要投入思想感情、稍艰难的事情，很少考虑其实用价值。这一点也影响到了小树，中学的时候，他就只想做一些有难度的数学、物理题目，读一些成人的书籍了，一些简单的题目却经常做错。

在一次留学咨询会上，我看到大部分家长都在为孩子咨询、了解计算机、金融方面的专业，因为这些专业社会需求多，好找工作。

其实不论学什么、做什么，行行都是有需求的，“屠龙”与“屠猪”都能出“状元”。家长在帮助孩子选择学业与工作时，多从孩子的兴趣与潜力考虑就好。有兴趣的事情，孩子就喜欢做，心情愉悦；而有潜力，孩子就能在学业上走得远，在工作上做得好。

☆思考与质疑“劳动创造一切”

1995年9月17日

上午，小树跟爸爸一起在东边的山路上散步。秋天的太阳照耀着山路上的石阶、松树和花花草草，清新而又美丽。

这时小树突然说：“爸爸，我觉得马克思的话是错误的。”

爸爸很惊疑，他还不能相信一个孩子会说出这样的话，便随即问道：“马克思的什么话是错误的？”

小树回答说：“我们课本上有一条马克思的语录：劳动创造一切。我觉得很多东西就不是劳动创造的。比如地球，比如大自然，比如我们脚下的这条小路、路边的小草，还有那幽幽的花香就都不是劳动创造的。”

小树的回答让爸爸更加惊讶。

爸爸连忙激动并重复小树的话说：“是的，是的，地球不是劳动创造的，大自然不是劳动创造的，这条小路、路边的小草，还有那幽幽的花香都不是劳动创造的。虽然马克思的话是有所指的，但你是对的，你的质疑和证明都是了不起的！”

“人也是大自然的一部分！”小树又补充说，一脸的严肃，俨然一个哲人！

这还是个刚刚七岁的孩子！他还不知道哲学是什么，却已经开始了哲学的思考。他的质疑和论据，已经显示出他非同寻常的哲学的发现、感悟和证明的能力以及批判性的思维！

小树妈妈与家长们分享

能够思考与质疑一些事情，是家庭给予小树的影响。我和他爸爸经常这样讨论一些历史、哲学以及现实生活中的问题。为了引导小树，我们也经常在家里开辩论会，由一个人当裁判，其他两个人就一些有争议的问题进行辩论，比如“人能不能战胜大自然”“宇宙有没有边缘”“小孩子能不能批评大人”等。这些辩论，很好地训练了小树的思维。

但是他思考、质疑“劳动创造一切”这个问题，并且最后提出了“人也是大自然的一部分”，确实是很让人惊讶的，毕竟他才是一个七岁的刚上学的孩子。

孩子们的思维能力经过训练都是能够增强的。家长在引导他们学习技能、知识的同时，尽量不要让他们死记硬背，多提一些问题让他们思考、辩论，他们的思维能力就会更好地发展起来。

☆跑不快，就跳高吧

1995 年 9 月 22 日

家长会上，老师总结了入学以来同学们的表现，表扬了一些同学，批评了一些同学。老师表扬小树，说他能思考问题，积极发言，写作也好，考试得了 100 分。会后，我特意过去问老师："小树有哪些要注意的问题？"

老师说："小树挺好的，他就是上课时有时把脚拿到凳子上来。"

小树的班主任老师叫王芳，挺文静温良的一个女老师。

我回家告诉了小树老师说的话，他没有说什么。

1995 年 9 月 25 日

今天接小树时稍微晚了几分钟，他已经从学校出来了，蹲在地上等我。一般他是不会蹲在地上的。我喊了他，他站起来情绪低沉地说："我没有选上运动员。"

学校要开秋季运动会，各个班这几天都在选运动员。小树前几天本来是选上了，今天大概是有变化，又选下来了。选不选上运动员在大人们看来是很不以为然的事情，但小树这样的小孩子还是很看重的，他在为此事士气不振。

"你尽力跑了吗？"我问他。

"跑了，我个子太矮了，我跑不过他们。"他很无奈，因为班里有很多比他个子高、壮实的同学。

“只要尽力跑了就行，没关系。你们比的只是奔跑，说不定跳高、跳远你比他们强呢！”我让他考虑自己的所长。

“什么是跳高、跳远？”小树问。

我就示范了一下，往前跳了一下，又往上跳了一下。想不到小树来了真格的，他一路不停地要我和他跳高、跳远。我知道他的潜意识里依然有着没有选上运动员带来的影响，他有着小孩子的好胜心，不愿意由于矮小而落后于其他同学，期望真的能在跳高、跳远中不再落选。我理解着他，同他一路跳着回了家。

1995年9月26日

下午放学，小树刚坐上自行车后座的时候，他的一个同学喊着他的名字追了过来。

“小树，老师叫你回去，参加运动员训练。”

小树怔在那里，他迟缓地说：“我没有选上。”

“老师让我来叫你回去。”他的同学坚持着。

“老师让你来叫小树的吗？”我问那个孩子，“小树说他没有选上运动员呀？是不是他自己搞错了？”我帮着小树证实这些必要的问题。

“是老师让我叫他的。”他又转向小树，“你选上了。”

小树把他的书包扔给了我，二话没说就和他的同学跑了回去。

轮到我怔在孩子的背影后面了。我怔在既高兴又隐着一种爱怜的有点疼痛的情绪里。小树是多么看重和积极地参与他所在的集体的活动啊，他不甘落后，也从中获得尊重与快乐。

小树妈妈与家长们分享

小孩子也是很期望参与群体活动，并且受到接纳与尊重的。

在群体中，一个小孩子如果没有这一方面的能力，但他也许具有另一方面的能力，家长与老师都要尽量考虑到他们的这些特点，不要挫伤他们的自尊与自信。

童年时，有两年因为父亲被打成了走资派，我经常被老师、同学排斥在一些活动之外，不能参与“红小兵”活动，还被撤了班干部。很多年以后，我的心里都有阴影。

在小树的成长中遭遇这些小问题的时候，我已经有了指导他的能力。比如，他跑不过其他的孩子，我就告诉他可以跳高、跳远；在他由于违反了课堂纪律，被老师没收了红领巾时，我告诉他，他依然是一个好孩子，只要跟老师认个错，老师就会给他红领巾的；在他认为考试题应该有两个答案时，我告诉他：“就是太阳，可能也不只有一个，宇宙无边无际，我们看到的太阳只是距离我们较近的一个！”

但是很多时候，我也告诉他遵守社会规则、积极参与群体活动的好处，鼓励他成为对社会有贡献的人。

妈妈，我也要把☆发明让人类无偿地使用

1995年9月28日

这是一个阳光灿烂的秋天的下午，因为办公室人多嘈杂，我在家里看清样。

五点半了，我听到小树放学后上楼的脚步声。我高兴地开了门，小树背着书包走进来，脸由于奔跑和上楼红红的。我接过他的书包，然后去给他倒水。

“你到阳台上做作业吧。”黄昏了，太阳把阳台照耀得金黄金黄的，像一座金色的宫殿。小树在一篇文章里把阳台叫作他的“宝库”，因为里面有他的玩具、图书，有一个显微镜、一台望远镜，还有他做“炸药”用的瓶瓶罐罐。这些都是他的宝贝，他在里面总是充满了乐趣。

小树跟着我来到阳台，却没有坐下，他像是有事情要告诉我。他从书包里拿出了一本《科学家的小故事》，神情严肃地告诉我：“妈妈，我以后也要像伦琴那样，不要专利，把我的发明让人类无偿地使用。”

我接过他手里的《科学家的小故事》，心里极为感动。我小小的儿子有着这样的志向和一颗为了人类的仁爱之心！记得我小时候，看到老家里那些贫苦的人，也有过一个志向，长大了当一个国王，为所有穷人分衣分粮。

我翻到了书中《伦琴与X光的故事》，里面讲述了伦琴发现自己手的骨

骼清晰地显示了出来，知道X光可以用在医疗上，帮助医生检查、判断病人的疾病以后，决定放弃自己的专利，让人们无偿地使用X光。

“你看了伦琴的故事？”我问小树。

“我也看了弗莱明、居里夫人的故事。我以后要到圣玛丽医学院去上学。”小树还沉在他的思想情绪中。

“很好，那你就好好学习吧，等长大了就去。你也得多学一些科学知识，将来才有能力去发明人类需要的东西。你对人类做了贡献，一定会得到人们的敬重，就像你敬重伦琴、居里夫人一样。这种敬重，会让你感觉到生命的意义，你也会因此而有很多的幸福！”我摸着他的头说。

他坐下，开始拿出作业本做作业了。

我也坐到厚厚的清样前面，心里却还在被儿子的理想感动着。

小树妈妈与家长们分享

上面的手记记下了小树七岁时的一天产生的一个真实的理想。

我至今清晰地记得他严肃的神情和我们俩在阳台上的对话。

小树的这个理想从那以后就潜入到了他的心里，至今一直在激励着他努力学习。

哈佛大学的情商研究者把心灵的养育称为“启心”。

我们做父母的，可能没有多少高深的技能教给孩子，特别在孩子上了中学、大学以后，可能连他们的数学、物理、生物题目都看不懂了，但我们依然能够进行“启心”养育，引导他们的人生方向，教他们适应不同的学习环境，与老师、同学友善地相处，为群体做出自己的奉献。

而养育孩子美好、强大的心灵，则应该注重下面六点：

一、拥有自信：在一些具体事情上，让孩子自己动手去做，让他们相信自己能做好。

二、保持好奇心：让孩子感觉探索未知的事物是积极、有趣的。

三、有自控力：通过一些延迟满足，来帮助孩子获得自我控制的能力。

四、有同理心：能够由己推人，理解别人，并且帮助别人；遇到困难不抱怨，而是想办法去解决。

五、有沟通能力：能用语言与他人交流、分享各种感受。

六、能与人合作：能积极地参与一些群体活动，在群体中协调自己与他人的需要。

在生活的每一情境中，启迪孩子的心灵，培养他们的情绪智力，引导他们去拥抱世界吧，让他们有能力去处理成长中的重要事情，让他们的人生真正美好与强大起来。

☆让孩子当一回强者

1996年2月13日

下班后，我顺便去超市买了些春节用品，回来时没有赶上班车，等了半天的出租车也没有等来空车，只好提着大包小包的东西挤上了公交车，下车后又提着东西一路上坡走回了家。

小树的爸爸还没有回家，报社里更忙一些，就要过春节了，他是领导，得考虑很多的人员、工作安排。

小树自从学校放假以后，就经常一个人留在家里。

我进了门，换了衣服就去厨房做饭。厨房里很乱，整个家里都很乱，而今天已经是农历二十五了，家里本应该收拾得干净整齐、准备过春节了。做完了饭，我又累又饿，却吃不下去。我还有些头晕，便坐到沙发上，看着小树吃。我心脏这边也有些隐疼，我用手按摩着。小树吃完饭后，我说我去卧室躺一会儿。

小树随后跟过来看我，他像我平日照顾他那样，给我盖上被子，边盖边说："你睡一会儿吧，睡一会儿就好了。"

我拿过床头上的一本书，想看几页，他马上从我手里拿走，要我休息、睡觉。

"我一时睡不着。"我对他说。

"那你喝杯水吧。"他端过暖水瓶来为我倒水。暖水瓶是大号的，对他来说有些重，他端得很笨拙、吃力，倒完了水，再往桌子上放时，手臂不小心把桌上的一只碗扫到了地上。这只碗是我喝中药用的，里面剩下的中药洒了一地。我正想安慰他，他却已经捡起了地上有了两个缺口的碎碗，还边捡边说："碎碎（岁岁）平安，碎碎（岁岁）平安。"

这么个小孩子，还学了些日常俗语来。我禁不住笑他。

"你笑什么？是不是觉得我挺有意思？"小树问。

"是，你这么宽慰自己很好。"我让他把我的空杯子放到桌子上。

"我再给你按摩按摩吧。"他用拖把拖干净了地面，又过来给我按摩。他的手按在我的颈部，没有什么劲，也找不准穴位，但他很用力，也很用心，我感觉到了他在努力地按摩，在减轻妈妈的病情，而不是应付两下就行。

按摩完了，我真是感觉轻松多了，我的颈椎病与劳累、紧张有关，放松了就好一些。小树又过来给我盖好被子，让我睡觉，然后说他要去看电视了，又给我关了灯，掩上了门。

"你有事，就喊我。"他又推开掩上的门说。

我安静地躺在床上，感觉身体真是好多了，完全可以起来做什么了。但我还是躺了一会儿。我想着小树刚才对我的照顾，在他看到我病了、缺乏能力了的时候，他一下子就变得像个大人了，变成一个有能力的人了。他安排必要的事情，帮助我，关照我，很像是我和他爸爸平日关爱他的样子。

我想任何一个人，即使是一个非常坚强、有能力的人，也有可能有些自己没有能力去做的事情，或者生病、软弱的时候。这时候，只要不会出大问题，只要是身边的小孩子能够做的事情，真是可以放手让他们去做、依赖他们一下。这样一来，会让他们的角色突然地变化一下，让他们有机会来实施一下其实已经具备了的某些能力，让他们来安排你、照顾你，做一回事情的主宰。这时候，他们会一下子就成长很多，会从中学习到很多东西，会在你面临的困难面前，感觉自己成了强者。

小树妈妈与家长们分享

父母们总是习惯呵护着孩子，在他们拥有了一些能力以后，依然代替他们做很多事情。其实给他们机会，让他们去承担责任、实施自己的能力，更有益于他们身心的成长。

在我认识到了这一点以后，我就经常让小树去做一些承担责任、表现能力的事情。我们一起出门的时候，让他去看煤气炉是否关上了；下雨天，让他关门窗；外出旅游，让他整理和拖着全家人的行包。我有时也把我工作、写作中遇到的一些困难告诉他，让他帮我想一个个解决的办法。

孩子的很多能力都是磨炼出来的，脑神经也是在很多活动中丰富和发育着。俗话说“不经风雨长不成大树”，讲的就是这个道理。

英国最好的精英学校伊顿中学，现代很少出名人、伟人了，主要的原因就是学生们的家庭太富有、太优越，所以这些学生几乎不需要解决生活中的困难，也很少考虑要去担当什么。

让孩子当一回强者，也能够让他们因为自己能做的事情、对别人的帮助而更为自信。

☆母亲与孩子的第二次分离

1996年7月30日

阴雨。今天是周末，午睡起来后，一时忧郁着不知道做什么好，心境也有些低沉。小树在我睡前一直在修理一辆玩具车，见我睡醒了便回头笑着问："我没有发出声音影响你睡觉吧？"

"真是一点也没有，我什么声音也没有听到。"我看着边"工作"边关照着别人的小树，心情一下子好起来，开始恢复想做事情的功能了。我还想了一首小诗，送给小树，送给一个总是给母亲的生活带来意义和快乐的好孩子。

你在我的眼睛里长呢，
你是青青的小树。
你给爸爸妈妈带来了游戏、欢乐和重新的学习，
让我们也是成长的孩子了。
我们都是青青的树，
我是你名字叫妈妈的好朋友，
我给你很多很多的爱，
你给我很多的纯真与信任。
我是一棵比你大的树，
我心里有个美好的愿望，
用我的生命来陪伴、庇护你，
等待你长成一棵参天的大树……

1996年8月18日

用了一下午的时间，把书房里的书橱推到了两边，摆进去了小树的小床和写字桌，成了他单独使用的一个房间。

从一个婴儿长到现在，小树一直跟我睡在大床上，他现在应该独自睡一张床，有一个安静学习、思考的小空间了。他在新布置的房间里坐坐椅子、躺躺床、摸摸摆在床头上的书，像走进了一个陌生的环境。他有些不习惯自己一个房间。一会儿，他回到我的房间说："我太孤单了。"

我摸着他的头，把母亲的安全感传导给他，我觉得我心里也有一些不适与不安呢，我在这期间也不时地走进他的房间看他，为他倒水和提醒他一些小事情。

分房间只是一件小事情，却像是我与小树的又一次身心的分离——母亲与一个长大了的孩子亲密与依赖的分离，以前我外出求学、出差都没有这样的感觉。这种现象在人以外的哺乳动物中，也是普遍存在的，只是不能知道那些母亲是不是像我这样的心情。

但我的理智也在告诉我，小树应该自立了，他已经八岁了，早晚都要有这一天的，他要一步步地开始自己去成长。

人类母亲与孩子的这种身心亲密与依赖的分离，也许会使感情达到另一个阶段，我期望它为小树带来的成长能够足以补偿我失去的。

晚上，小树在他的新房间里入睡了。我坐到他的床前，用"书扇"为他扇头上的汗水。我心里还有些隐约的情绪，说不清楚它们到底是什么，只有一点很明确，就是深沉的担心与祝福，在他成长的每一步，都是这样。这种深沉的情绪来自于永远的母爱，让我沉默着只想多为孩子做一些事情。

小树妈妈与家长们分享

母亲与孩子的一些重要的分离是成长所必需的。

母亲与孩子的第一次身心分离是在孩子降生时。10个月的孕期里，母亲与孩子都是一体的，当胎儿突然脱离了子宫，降临到人世，他就开始成为一个小个体了。

而第二次分离，就是我上面经历的身体亲密与依赖的分离。这也是养育过程中总是要发生的。

此后随着孩子的成年，外出求学、成家立业等，母亲与孩子还会经历一些重要的分离。

这些分离都是孩子走向自己独立人生所必需的，虽然会让母亲与孩子一时都产生一些不适甚至痛苦，但母亲如果意识到了分离的意义，就会减轻心理上的不适，也会给予孩子很好的支持。

☆家庭里的压抑与“不公平”

1996年8月28日

今天我在单位加班，小树独自留在家里。中午我回家为他做饭，看到他用爸爸的毛笔在一张宣纸上写了两行大字：

天地人间，

这到底是为什么？

两行字的下面是他用手按的五个红指印，还署上了他的名字。

他大概又思索了什么重大的像寻找宇宙边缘一样的问题了吧？我这样想着，但一直到做完了饭才坐下来问他：“你写的‘天地人间，这到底是为什么’是什么意思？”

“我不想告诉你。”小树边吃饭边看一本书。

他说不想告诉我，是不想让我知道他的意思，但我还是想知道：“告诉我吧，我替你保密。”

“那就告诉你吧，”可能是我说的保密让他觉得我属于了他的同类或者同伙，他很信任地告诉了我，“你说天地之间，为什么小孩就不能管大人，只有大人能管小孩呢？这不是太不公平了嘛！”

我轻轻地拍着他的肩头，知道他是想从理论上解决家庭里大人、小孩的关系问题，他一定是经常感觉到压抑与“不公平”，才思考和想解决这个问题的。

“大人和小孩都可以互相批评的，如果小孩的需要与批评是合理的，大人也应该听，只是从一般习惯上，小孩是被大人养育着的，大人要提供经济保障，要负责照料、教育小孩，所以大人便处在了教育者的位置上，很多时候就不管什么问题都让小孩子听从了。”

我继续为小树解释：“不过，在咱们家里，爸爸妈妈不是不讲道理的蛮横之人，批评你都是有来由的，也是为你好的。你想想是不是这样？可能我们有时候严厉了一些，或者态度、方法不妥当，但是只要你提出来，我们就一定会注意、改正。”

小树有些理解了，他也可能又思考起了别的问题，神情缓和、快乐了起来。

小树妈妈与家长们分享

在家庭里，小孩子也是要求公平、自由与快乐的。

但很多小孩子在父母的严厉教育下，经常感觉到压抑和胆怯，中国的传统文化又很讲究尊敬长辈，所以这让小孩子感觉到有些不公平。更有些父母，不论什么事情、自己的言行是否合理，也一律要求孩子顺从。

不仅在大人与小孩子之间，有些父母在对待多子女上，也有不公平的行为，如重男孩轻女孩，或者在亲生的孩子与继子女之间有偏爱、歧视，这都会伤害孩子的心灵。

我最初的不公平的感受，也是在家庭中产生的。我的母亲经常在我与弟弟、妹妹发生争执时，批评我，认为我大，应该让着他们，即使他们抢夺了我的食物、玩具，母亲也会这样。那时候我也不能理解这些，心里便很难过，感觉到母亲对我是不公平的。

世界上永远有着很多不公平的事情，随着成长，孩子们也会逐渐地理解它们，但是在相亲相爱的家庭里，在认识到了这个问题以后，父母是能够少让孩子感觉到不公平的。

☆最美好的夜晚

1996年10月8日

跟小树在夜市买了几节电池，我们就坐了两站公交车，然后徒步走回家。好久没有同小树一起徒步走这条路了，我想起了前几年我们走这条路的一些情景。那时候小树上幼儿园，每个星期二的下午，我从幼儿园里接了他，都是用自行车载着他到省妇女儿童活动中心去学琴，学完了，一般都是8点了，我们再骑车回家。那时候我们还不舍得打出租车，我都是用车子载他一段平路，走到上坡的路上以后，再下车推着他，或者让他下来一起走。我们俩都是又饿又累，走这条路总觉得很漫长吃力，所以我们也总是说笑话或者玩一些游戏来忘记疲劳。记得有一次，我们走在这条路上，月亮在头顶上又圆又亮，正好照耀着我们，我就问小树："你看月亮像什么？"

五岁的小孩子认真地抬头看了看说："月亮像个大烧饼。"

"真是像个又圆又大的烧饼呢！"我应和他。我们俩都很饿了，到了非常容易把事物往食物上想象的地步。

小树接下去说："我看你是饿了，要不要我摘下来给你吃呀？"他在以他的心理推测我。

"好啊，你怎么摘？"我问。

他就向上一伸他的小手，然后再往我的眼前一递："给你摘了一个。"

我也用同样的办法给他摘了一个。

记得当时我们的心情都因为关于月亮的对话而轻松、愉快起来，还有一些如月亮一样美好的情感。我们很快就到了家。

今天我又想起了过去的这件事情。我问现在身边的小树："你还记得咱们俩有一次学琴回来，走到这里摘烧饼吃的事情吗？"

"你还想吃啊？"小树笑了，"咱俩玩选武器的游戏吧。"

我们俩就玩了起来。这小游戏的规则是每个人分别从中国古代的18样武器中选择一件，然后再使用选择的武器对打。我们俩用剪子包袱锤的形式，谁赢了谁就再选择一件。

我赢的总是不如小树多，所以我使用武器就很慎重。我选了大铁锤做武器，然后虚张了半天，才狠狠地打下来："我把你的大脚趾打了下来。"说完了我忍不住笑了。

小树也开心地笑，我们俩都开心起来，我笑得肚子都疼了。

然后是小树使用武器，他使用的是棍，他也虚张了一下，打了过来"呀——哈——啪！把你打尿裤了。"

我们俩又大笑起来。这样一路走一路笑，很快就到了家。

到家后，小树又玩了一会儿电脑游戏，我想去用电脑的时候，问了他看过的一个电视讲座的事情。

"那个讲座讲的是病毒。你使用电脑的时候，如果突然出现了彩色画面，有一个穿红衣服的人咚咚咚地往前走：'我是病毒，我要走了。'然后又走过来一个人，对你说：'我爱你。'这些就都是病毒。"小树边说边模仿，走得像机器人一样，有趣极了。我用电脑了，他才往床上一躺说："太累了！"

"那就赶紧睡觉吧。"我催他。

小树很快地入睡了，我开始坐下写作，这个美好的夜晚把我们完全地笼罩了起来。

小树妈妈与家长们分享

一生中，我们每个人都会不同程度地经历些艰难，而生活也从来没有注定最美好的事情应该发生在哪里。

回想起来，我和儿子的成长经历了不少艰难，但是更多的却是美好，是互相的给予与激励，真的，不只是我给予了儿子，儿子更给予了我很多。那些月光下的夜晚、开心的游戏、互相的理解关爱与激励，都留在了我们生命的深处，它们是世界上最美好的经历呢！

所以，无论处境如何，只要我们积极、努力，并且赋予生活以意义，它们就会相对美好起来。

现代心理学也强调人心理的能量，认为积极、努力、乐观的心态，能更好地战胜困境。

下面这个小事例就表现了两种不同的生活态度。

雨后，一条泥泞的街道上，一个男孩子边踮着脚走过边咒骂："这讨厌的雨，讨厌的路！"一个跟在他后面的男孩子则捡了三块砖头，把它们在泥泞中连成了一条凸起的通道，他把两只脚分别踩到两块砖头上以后，再把身后的一块砖头移到前面去，他就这样移动着走过了泥泞，并且边走边说："真有趣，这移动着的道路真有趣！"

每个孩子都有着自己不同的特质，但他们最大的不同还在于心灵。父母要多传染一些积极、努力的情绪给小孩子，让他们的人生更加美好起来。

☆在作文中加一个警句

1997年8月20日

上午，要小树再写一篇周记。

每次写作，他总要问我写什么。这一次，我建议他写三个内容：一个是写这几天学会了游泳；一个是写最近连续烫着了手的教训；一个是写这些日子有了自己的思想，在家里不怎么听爸爸、妈妈的话了。小树哪个也不愿意写，但又没有办法，就自己抓阄决定了写“教训”一篇。我先让他口头讲述了一遍，感觉还不错，便让他自己动手写，我去做我的事情。这两天我工作的单位评职称，我得写一份工作总结。但到我写完了时，小树才刚刚写了个题目。我问他怎么没有写，他说他也没有捞着玩呢。

“那你做什么来着？”我问，“你不写作业也没捞着玩，这样不白浪费时间吗？”

小树不吭声了，但上午的时间已经不多了，我只好想了个办法说：“咱俩来个比赛吧，都写这一篇，等爸爸回来读一读给他听，看谁写得好。”

他这才同我一起写起来。但他不很用心，总想着去阳台上玩，为了省事，写得干巴巴的，一点细节描写也没有。我对他的不认真有些生气，但我一时说不服他。我便去了厨房做饭。过了一会儿，我听到小树在喊：

“爸爸回来了！”

我洗着菜说：“好的，那咱就读一读。等我做完饭吧。”

就在我快做完饭时，小树走到厨房里来了，他对我说：

“我又加了一句警句。”

我明白他是怕比不过我，又加了加工。我在心里笑他还是个孩子。

午饭后，由我来读两篇文章。我先读小树的：

姥姥家有一种固体的万能胶，这种胶要烧化后才能用。有一次，我用这种胶粘东西，不小心烫着了手。还有一次，也烫着了手。

我想它的设计者肯定没有想到它能烫着手。

所有的东西都像这种万能胶一样，不是完美无缺的。

我们在用这种胶时，一定要格外注意！

还没有读完的时候，我就已经禁不住笑了，因为里面的"所有的东西都像这种万能胶一样，不是完美无缺的"一句，是写在稿纸的外面，用笔勾了进去。这就是刚才小树说的他最后加上的警句了。这还真是一句非常深刻的话，是一句我也没有想到，但他通过一种万能胶的缺陷归结出所有事物都存在着不完美的普遍道理的话。这一句话，使他干巴巴的文章有了光彩与不凡之处。所以爸爸听了后，竟一时分不出我和小树的两篇文章到底哪篇是谁写的，因为我也是用小树的语气写的。但他还是把小树写的评了第一。评完了，他才知道是小树写的。

我松了一口气。我想到小树这个孩子表现出来的小缺点，也总是伴随着一些让你惊喜之处，这也是人与事物的多重性吧。

小树妈妈与家长们分享

从小我就这样训练小树写作：

让他把想要表达的事情以及思想、感情说出来，真实地说，自由地说，我帮他在电脑上打下来。在他生气的时候、疑惑的时候、喜悦的时候，都可以这样，如他感觉到大人与孩子不平等的时候，就说出了《为什么大人可以批评小孩子，小孩子却不能批评大人》；再如刚上小学，他感觉不到童年的幸福了，就说出了《我的童年幸福吗》。

孩子的写作，就是为了表达他们的经历与他们真实的思想、感情的。所以，家长只采用三个办法就行：

一、让孩子真实、自由地讲述他们的所见所闻，表达他们的思想、感情。

二、让孩子感受、认识生活的现象与本质。

三、让孩子多读一些能够启迪心灵、增加智慧的好书。

☆培养孩子善良的情感

1997年8月24日

秋风开始飒飒地吹来了，路边的草丛里，时常有些蚂蚱在人走过时猛然蹦出来，又急急地蹦进草丛里。

星期六，我们一家人带上两只羽毛球拍到黄河边去捉蚂蚱。每年的这个时候，我们都要去黄河边捉蚂蚱。黄河边的森林公园里，有许多的树木和野草，用腿往草丛里一扫，隐藏在里面的许多蚂蚱，便会扑扑扑地飞出来。生存的规律把这些不起眼的小生物也逼出了保护色——藏在绿草茂盛地方的蚂蚱，大都是绿色的；而那些贴近地面生存的，大都是土黄色的。我们用羽毛球拍猛地一拍，然后从球拍的网孔就能看到有没有拍住。

去年的时候，小树几乎还捉不到一只，但今年，他的本领就明显地大起来，能不时地捕到了。他高兴地跑着、喊着，把捉到的蚂蚱装到我手里的塑料袋里。捉蚂蚱，一是一种兴趣，可以通过这种活动接触大自然；二也是一种运动，能很好地晒太阳、活动身体。蚂蚱也是一种很好的野味，用草烧一烧或带回家用油一炒，都非常好吃。

除蚂蚱外，我们以往还捉一些螳螂和蝈蝈。但今年，小树怎么也不让我们捉螳螂了，我捉到一只后，他非让我放了不行。他说螳螂是益虫，吃草丛中的蚊子。爸爸对他说我捉到的螳螂肚子都拍坏了，他还是坚持让我放了。后来，爸爸又捉到了一只很大的绿蚂蚱，这只蚂蚱看上去像是做母亲了，她的背上还背着一只小蚂蚱。小树看了一会儿，小心地把它们放进了袋子里。

天色很快暗下来，游人们都陆续走了，森林公园里安静了下来。我望着偌大、荒凉的公园说：

“咱们回去吧，太晚了这儿不安全的，再说草丛中的蚊子也把我身上咬得到处是一个个大红包。”

“那好吧。”小树不情愿地答应着。他接过我手中的塑料袋，看看里面已经有不少的蚂蚱了，很高兴。他又很注意地观察了一会儿，一副若有所思的样子，但没有说出什么来。

我们一直坐车回到了家。就要进家门了，他突然停住说：

“妈妈，要不咱把那只大蚂蚱和那只小蚂蚱放了吧！”

“那可是我们捉到的最大的一只蚂蚱啊！”我一下子明白了他刚才若有所思的表情了。我的心感动着，我在想小树怎么也有了我总是有的“善良”的感情。就在这几天，我们单位评职称，我还因为这种善良的心情，不忍给别人打低分，从而影响了自己的分数。在生存的竞争中，有时候就是非你即他，让你不得不坚决，不得不残酷，因为你一善良，你就会失去自己应得的，就会被别人抢去难以再有的时机。就在我善良地给别人打高分的时候，我得到的却是别人都本能地给我打的不高的分数。在生存中，也许凭本能应该是对的，而我违背了自己想得到的本能才是错误的，因为我这样会很快被那些不顾一切的全凭本能的生物“吃掉”的。

我看到我的善良又在孩子这里出现了。我的心很感动，也很痛。我摸着他的头想，也许得让他明白我的一些善良的错误和应该避免这样的错误，而且我也知道，那对大小蚂蚱应该不是一对母子，而是一对夫妻，因为蚂蚱现在是要产下卵，才能在来年生出下一代来的。

大蚂蚱和小蚂蚱已经在路途的颠簸中分开了，大蚂蚱能找出来，小蚂蚱混在很多蚂蚱里是怎么也分不出来了。尽管我已经认识到了自己善良的弱点，但我还是同小树一样想把它们放了。我的弱点肯定是从骨子里生出来的，是不可救药的了。我们找了又找，辨了又辨，还是没有发现。我无奈地说：

“找不出来就算了吧，光放了大蚂蚱也没有用。”

爸爸也在一边说：“蚂蚱是害蝗虫，又不是什么好东西！”

小树终于不吭声地算是默认了。

一件捉蚂蚱的小事，却表现了生命的许多思虑，善良的人由此便有更多为人考虑的艰难。由此看来，在社会生活中，善良也应该是一件礼物，只能给予对你也善良的人，而不能给予对你有害或那些正在危害你的人。

小树妈妈与家长们分享

每个孩子都有着善良的天性，就像古人已经认识到的“人之初，性本善”。

善良的人，可能不凶狠、不霸气，但善良就像水，能容人容自己，让人更有理解与同情心，能帮助他人，不侵害他人。所以要让孩子的人生安宁、坦然、幸福，还是要做一个善良的人，尽管我们有时也会因为善良而显得软弱，有一些小忧虑、犯一些小错误、受一些小损失。

让孩子成为一个什么样的人，怎样去成为这样的一个人，是父母影响与养育孩子的根本。

☆家庭学习法

1997年9月2日

经过了极不听话的一个阶段之后，小树重又变得懂事了。今天放学后，爸爸带他去商店买东西。爸爸给他买了面包后，又买一种草莓酱和面包伴侣时，他说面包伴侣太贵了，不要爸爸买。他现在经常因为想买的东西太贵而不让爸爸妈妈为他买。此外现在他还有了许多感人的举动，如吃好的东西，他非要爸爸妈妈也吃不行，否则他就不吃，或者他干脆说他不想吃了。

他还记得关心和叮嘱别人。有一天家里刷墙没有地方睡觉，就让他去了姥姥家。他打电话时问爸爸怎么睡，爸爸说睡地上吧，他就说不行，坚决不让爸爸睡地上，说爸爸关节不好会凉着的。

能关爱别人的孩子，是有责任心的，他也会管好自己的事情，在自己做不好的事情上，会内疚、责备自己。在家庭里，他关爱家人、亲人，以后到了社会上，他就会关爱同事、朋友，承担起自己的责任来。

小树受爸爸妈妈的影响太大了，加上又读了好多历史、文学、哲学书，再加上自己的天赋、良知，他已经长成了一个以天下为己任的太"人道主义"者。我总是担心在这个竞争严酷的世界上，他会因此不去向社会要求自己应该得到的那些，而只靠自己无数倍的努力付出。

晚上，为了让小树抓紧做作业，我说等他做完了作业后我们就比赛做数学题。我在家里用这个办法来培养他的抽象思维与逻辑思维。

小树很快做完了作业，我们就真的比赛起了做数学题。他让我和他爸爸先赛出一个第一来，再与他赛。我夺了第一后，小树的爸爸为我们出题。爸爸出了一道这样的题：在一个减法算式里，被减数、减数与差的和等于240，而减数是差的五倍，求差是多少？我先算了出来，但我用240除以5得48，错了。小树在我之后算了出来，他说他的结果是20。爸爸查了答案，说小树是对的，但问他是怎么算出来的，他却说是蒙的。他说他想了个120，然后就又想了个20。

这件事真是很奇怪，小树的脑子到底是怎么蒙对的？怎么我就没蒙对？

晚上小树睡后，爸爸又看他的草稿纸，发现他的推算是很简单但是很有道理的，与书上的解法基本一样。书上的解法是：

被减数＝减数＋差

＝240÷2

＝120

把差看作一倍数，则减数为差的五倍，减数与差的和相当于5＋1＝6倍。

240÷2÷6

＝120÷6

＝20

小树是直接用120÷6＝20的。但他也许是略去了前边的推算过程。爸爸觉得小树是很了不得的，他可能在这上面有点天赋。

小树妈妈与家长们分享

一些智慧、用心的家长，是有很多办法引导孩子学习、认知的，他们甚至把生活的每一场景、每一事物，孩子的每一疑问、遇到的每一困难，都变成了课堂与学习的内容，引导孩子从中去学习、领悟那些有益身心的蕴含。

一位中学生物老师，他做饭的时候，总是把女儿也叫进厨房，让她一起择菜、做菜。在择菜的时候，父亲会告诉女儿，芹菜属于伞形科，含铁量较高，缺铁性贫血的人可以多吃一些；洋葱属于百合科，百合科植物通常为根状茎。洗鱼的时候，他会告诉女儿鱼身上各种器官的作用。他还与女儿把生了芽的土豆、地瓜种到花盆里，观察它们怎样长出绿色的叶片来。这位父亲在小小的厨房里，不仅让孩子学习了很多做饭的技能，也学到了非常生动的动植物知识。

我曾经在菜市场看到一位摆菜摊的父亲，女儿放学后，他就让她称菜、算价钱。我买菜的时候，他八岁的女儿口算得比我都快。

我还在北方的草原上，看到一位来中国旅游的美国母亲对孩子进行的即时教育。当时是初冬，草地上的积水结了一层透明的薄冰，好奇心很强的男孩子非要去水边采一块冰。但他刚走到水边，就失脚滑进了水里，好在水浅，只淹到了他的鞋面。母亲赶紧上前抱出他来，同时也伸手为他采了一块冰。她没有责怪孩子，只是边给孩子换鞋子边问："你知道冰是凉的了吧？放到嘴里尝一尝，冰是什么味道？"孩子把冰放进嘴里，高兴地喊："妈妈，冰化成水了，它是水变的！"母亲也咬了一口冰："你知道吧，水能变成冰，还能变成云彩呢！"小男孩便抬头望天空："我想要一块云彩尝一尝！""等你长大了，就有能力采到云彩了。妈妈也想要一块呢！”母亲告诉男孩。五六岁大的男孩，便久久地望着天上的云彩沉思起来。

孩子的兴趣是引导的，孩子的天赋是发现的，孩子的能力是培养的。

在孩子人生的大门刚刚开启之时，多引导他们的好奇心，让他们有兴趣去看世界，去做各种事情，然后在他们做事情的时候，观察和发现他们的特长、天赋，并注意加以培养，他们就会逐渐拥有自己的才能。

☆要允许孩子犯错误

1997年9月6日

又一个新学期开始了。孩子一开学，父母便也开始了紧张的生活。

我总是早晨6点起来做饭，做完饭后，再过去叫小树起床，然后，催促他洗脸、吃饭、上学。他这个年龄的孩子有些事情还不能自理，时常还需要人催促，或者帮助他。

中午的时候，我回家时间短，又要赶着做饭菜，时间更为紧张。下午回来时间还从容些，但还是有好多家务要做。

一天中，紧张点倒也没什么，最头疼的是小树经常有自己的想法，不肯听话，不能配合你的安排。他自今年以来，开始形成自己的一些独特思想了，有时候逆反得很，经常你叫他干的事他像没听见，你跟他讲的道理他认为不对。吃饭总是要叫好几遍，要引诱着、哄劝着或严厉起来，他才肯过来吃。做作业也一直是边玩边做，一点点作业，有时能拖两三个小时做不完，使你不得不不断地催促他，并且为他浪费时间而心疼、着急、上火。

今天他放学很早，我让他早做完作业好去玩，可他又拖拉起来，回家后两个小时才造了两个句，他说他恶心，想躺到床上看书。后来我催他多了，他就烦躁得用脚踢桌子。我不再说了，想让他自己安静下来，便去了厨房做饭。

我们吃饭时已经是7点半了。我想到小树还没有做完作业，晚上又要晚睡了，而睡晚了，又要影响明天的精力。经常做作业拖拉，经常睡不好，便会经常误事情……我突然地觉得心里很难受，我想到这几年来从带小树学琴，一直到学外语，到每天的做作业，许多时候都在同他的不懂爱惜时间做斗争，我批评他、哄他、责备他，都没有很好的作用，他太贪玩了。我已经疲倦得没有办法了。我无奈、伤心、失望，真是太累了，感觉负担太重了，没有什么比小树这样更让我伤心的了。

我感觉很难受，坐下端起饭碗，但是吃不下去。看见我难过，小树和爸爸都不作声了。爸爸要他去向我承认错误。开始他不肯自己对我说，要爸爸对我说。后来见我真是太伤心了，才听话地过来拉着我的手说：

“我错了。妈妈，我以后不拖拉了。”

他很诚恳。他一说，我立时好受多了。我不再难过，坐到桌前，一家人一起吃饭。

我把这些经过记下来，愿小树能改正自己，因为我看到他一方面很聪明，一方面又在浪费自己的智力、时间，为此我总是无比伤心、心疼。

1997年9月8日

把孩子视为自己生活最重要部分的父母亲，是要接受一些来自孩子方面的伤害的。有时候，你会觉得孩子最使你伤心生气，最使你失望，而你一点办法也没有。在孩子半懵半懂的成长中，有时候你会觉得像看着一个视力不好的人正往墙上撞去，你怎么劝阻他也不听，而你又不能放下心来不再管，因为这个人不是别人，他是你的孩子，是你生命的最爱、生活的希望，他甚至比你自己更重要。任何别人的事情你都可以不管，但孩子的事情父母亲无法不管。

好多次我与小树发生了冲突，我都生气地说我想跟他换换，他来做妈妈，我来做一个孩子。

今天他造一个句子：“首先……然后……最后。”这个句子昨天他已经做过了，他写的是：“在洗衣服的时候，我首先把衣服浸湿，然后打上肥皂搓，最后用水冲净。”今天他又要重抄昨天的句子。我阻止了他，我说有好多这样的句子，不要再重复昨天的了。他问我都有什么，我一下子给他举了好几个，一个是戴红领巾的，一个是打扫卫生的，一个是煎鸡蛋的，它们的过程都可以用来造这个句子。爸爸也给小树举了个写作文的：

“写作文的时候，首先打草稿，然后修改，最后抄到稿纸上。”

但我们说的小树说他都不写，他就是坚持要再写洗衣服的。我说你再重复昨天的有什么意思，老师也会厌烦的。能够造一个新的、更好的句子，为什么不做呢？

“再好我也不做，我就要写洗衣服的，要不我就写洗手绢的。”

“不行，你不能重复昨天的，你不写也不能重复昨天的。”我严肃地说。小树的爸爸过来劝我，我说我不能让步，因为我不理解他为什么非要这么固执地不听别人的劝说。

“我就是不写。”小树趴在桌子上犟起来。

时间在一分分地过去，小树经常这样说做不做、说玩不玩地白白浪费掉许多时间。他一直还不知道珍惜时间。我非常生气，真想用尺子狠狠地敲他一顿，但我忍住了。我给他举了个运动员的例子，我说：“一个运动员，他在比赛中跳过了2米，裁判让他再跳2.1米，但是他说他不跳，他就是要再跳2米。裁判说你再跳2米没意思，你还不如不跳了。这个运动员就是坚持他要再跳2米。结果，另外一个运动员跳了2.1米，得了金牌，他只得了银牌。”小树很明白我对他讲的道理，他不再吭声了

最后，又经过爸爸的劝说，小树写了爸爸举的那个写作文的句子。

小树妈妈与家长们分享

小孩子是在犯错误中感受生活的各种规则、道理的，所以家长要平和地看待他们的错误，要允许他们犯

错误，而不要总是责备、批评他们，要给予他们认识、成长的机会。

在他们认识到错误以后，只需要诚恳地说一声：“我错了。”父母就应该为他们高兴。

而在大人犯错误以后，一定也要诚恳地说一声：“我错了。”

大人的认错一是在为孩子做榜样，二是能够让孩子感觉到平等，感觉认错是一种正常、必要的方式。

☆对神秘的自然现象充满好奇

1997年9月16日

今天是中秋节了。晚上在姥姥家吃过饭，我们往回走。月亮在头顶上又大又圆又亮地悬着，我看到一个两岁左右的小孩子在用手指着月亮喊："太阳冬冬！太阳冬冬！"这个刚会说话的小不点儿把月亮当成了太阳，把"公公"喊成了"冬冬"。

听着小孩子这样的稚语，在孩子这样的世界里生活，你真是轻松得什么也不用防备，你会有许多笑声，能一下子年轻许多。成人们什么时候把自己的世界搞得这么紧张、压抑、危机重重了？

到了我们住的楼前，小树下了爸爸的摩托车，爬到一处栅栏上去看月亮。中秋的月亮也许是最好看的月亮了，我也散了一会儿步，看了一会儿月亮。今天晚上有月食，我们便回家早睡了，想半夜时再起来看月食。

我很好奇这些自然现象，也想让小树看到，并引发一些他对大自然的思考。这是人类生存的大背景呢。

晚上1点时月食开始发生了，2点的时候，小树的爸爸叫醒了我们。天气有些凉，我建议用被子包裹住小树让他看。小树的爸爸便用厚厚的被子包裹住了小树，把他抱到阳台上。天色已经有些黑暗了，我们仔细地找，发现睡时还又大又圆又亮的月亮，已经只剩下了橘瓣似的橙黄的一点儿了。我们不转眼地看，这橘瓣似的橙黄色的一点儿月亮很快也消失了，只是眨眼间又隐约地露出来一点，又看不见了，又显露出来一点，它这样动荡了一会儿，最后完全看不到了。

大自然的现象真是奇妙无比。小树已经有很多的天文知识了，他说：“月亮是被地球挡住了。”

我说：“是的。再过几十年，还会出现一次月全食。但那时我和爸爸可能就不在了，你就和你的孩子一起看吧。”

“世界上有的人能活200多岁，你和爸爸也能活100来岁。”小树还不能想象不和爸爸妈妈在一起的生活，他还需要我们，但是生命却是想留也留不住的。一阵生命流逝的伤感划过了我的心头。我想生命到底能留下些什么来呢？也许只是后代，只是留给后代的一些生命的印象和传承。许多年许多年以后，小树也许还能记得他和爸爸妈妈一起在家中的阳台上看过一次月食，当时爸爸怕他冷，用被子紧紧地包裹着他。

“在美洲，只有在印第安部落里才能看到月食。”小树不知是从哪里得来的知识，也许他是想说现代文明已经使一些地方看不到自然现象了。

我点着头说也许真是那样，而没有说一些科学道理，我想留一些生活的不解之谜，让他慢慢地自己去明白。

小树妈妈与家长们分享

每个人都是大自然的一部分，经常置身其中并感受、了解大自然，能够让我们生存得更好。在地震、海啸发生时，大象、猫、狗、老鼠等很多动物，都比人类更有警觉与避险能力，就是因为它们与自然的关系更紧密一些。

北京的一个九岁的女孩子，上三年级了，告诉我她从来没有看到过夜晚的星星。她的话让我诧异了半天。

所以有条件的话，父母要经常带孩子去野外，学习、分辨一些植物、昆虫，甚至看看广阔的海洋、深邃的星空、早晨的日出，让他们了解更广大的宇宙。

还可以为孩子讲讲达尔文的故事，讲讲他的物种进化、适者生存的理论。

新东方的创始人俞敏洪，他的两个孩子都在加拿大读书。他工作忙，跟孩子在一起的时间并不多，但每次跟孩子团聚，他总是与他们交流亲情，分享他们的成长，给予他们很多父亲的教育与影响。

他经常做的事情是带孩子去看海，去野外露宿、看天上的星星。有一次他带孩子去古巴的海边，当时正是月圆的日子，他们一家就坐在海边看月亮一点点慢慢地升起，海浪则推着银白的月光在身边浮动。气温有点低了，他动员孩子回去，可是女儿说："我不想回去，我要一直看到月亮升到我头上。"他就一直陪着孩子看了三个多小时，让自然的神奇美景留在他们幼小的心中。在回去的路上，女儿沉思着说："爸爸，我发现世界是一体的，大海、月亮和人并没有分开。"

在他的影响下，两个孩子都很喜欢大自然。大自然开阔了他们的认识和胸怀，增加了他们对世界、对生命的感悟和热爱。

☆开个家庭会议

1997年9月20日

小树毕竟是又长大了一些，虽然很不听话，虽然好多事情还要我们操心，但这个学期，我明显地感觉比上学期轻松多了。昨天，小树自己洗了袜子，又自己洗了澡。下午时，我和他出去买东西，他一直帮我拿着，有些事情还能帮我出主意。做作业的能力也强了，只要引导着他，让他高兴，一会儿就做完了。

我经常看着小树做事情很高兴。他把阳台上工具筐里的东西哗地倒出来找他要找的工具。我对他说这样太乱了，用完了又不收拾起来。

“你得用什么从里面找什么，别全都倒出来。”

小树说：“你先别收拾，我还用。你给我一个星期的时间，到下个星期吧，我就用完了，我就收拾起来。”

小树说话的时候很认真，还是个小孩子的样子。

晚上我们投票，选举家庭里最能干家务活的人、最不听话的人、最没有秩序的人、坏习惯最多的人、最犟的人。这是我们家里经常做的事情，像西方的参议院开会，也像选举总统。这是我们的家庭政治。

投票结果是：

最能干家务活的：我得了3票。我自己也投了自己1票。

最不听话的：小树也诚实地投了自己1票，得了全票。

最犟的人：投票前，爸爸怕选他，先说了我许多犟的事情，结果小树受了影响，也投了我的票，我得了2票。小树的爸爸得意地笑了。

最没有秩序的人：小树的爸爸得了满票。

坏习惯最多的人：也是小树的爸爸，因为他又抽烟，生气时又摔东西。

小树妈妈与家长们分享

平等、分担、共享，不仅是很好的国家管理制度，也是很好的家庭规则。

让孩子力所能及地做一些家务活，能够激发他们对家庭的责任、培养他们与家人同甘共苦的心理。

也可以与孩子互换角色，让孩子调动、支配一下父母亲，从中感受一下做父母的辛苦不易。

有了重要问题的时候，就开一个家庭会议。

小树有一段时间晚上睡得晚，早晨很难叫起来，吃饭的时候却在看书。我便让他做一天“妈妈”，我做一天“孩子”，或者跟他玩“双胞胎”的游戏。我在早晨躺着不起床，嚷着要睡到中午，嚷着要“妈妈”做饭，做好了饭却不过去吃。这样，他很容易就理解了家庭是一个集体，要齐心合力并且有一些规则的道理，并且知道自己应该怎么做了。

☆父母要与孩子一起成长

1997年9月23日

小树这个孩子在待人处事上，是很诚实、宽容的，这一点很像他爸爸。他在自己做事情上，要求又很高，这一点又很像我。

有一次在学校，老师给他记的考试成绩比实际上少了，他心里又很想多得，我让他去问问老师是不是忘了给他加上，他想了想说："算了吧，我以后再多得吧。"

有时爸爸连续在外面应酬、吃饭，我很烦，他就劝我说："他有事，你就别管他了，管他你还生气。"

今天中午，他吃完饭就趴在床上看书，迷了进去，我问他学校里的事，他很不愿我打扰他，对我说话很不友好。我说："妈妈必须问你这些事啊。"他听了后就改变不友好的声音说："好吧，你问吧。"

好多事情上，我感觉到了小树对别人是宽容的，是克制自己的。但在自己做事情时，在要求自己上，他又是很讲究的。他做作业时，哪个字写不好，哪个地方不满意，总是反复地用橡皮擦。有时一些不重要的地方，我代他加上了个字或改正了一下，他总是不让，非擦掉自己来做不可。

小树的性格和行为特点就这样慢慢地在形成着。

由此我想到这些年来我在小树的养育问题上的许多经验教训。我有一些成功的尝试，但我也容易急躁、过激地要求孩子，也犯过一些错误，对孩子的心理有一些影响。

到了今天，我才似乎像在母亲这所学校里成熟了一些，有了正确理解孩子、引导孩子、帮助孩子、教育孩子的能力和自信。

我这个母亲，其实跟儿子是同龄人，我们互相给予着、一起相伴成长着。

我在养育孩子的亲历中体会最深刻的也是：母亲与孩子是同龄并且一起成长的。就像孩子从牵着母亲的手学步到独自行走，再到迈开大步走到母亲的前面一样，每个孩子的成长道路都是磕磕绊绊的，而不是两点间的一条直线。母亲的成长也是如此，回忆我和孩子的经历，我走的弯路、有过的苦恼、犯过的错误其实都要比孩子多，因为我是他生命的给予者、前行的引路人，他童年的生活都来源于我、依赖于我。

我一直是一位虔诚但是磕磕绊绊前行的母亲呢！所以每当有人说我把孩子养育得这么好时，我总是回答："这是幸运呢！"

孩子们都是容易改变的，有些难改变的天性也会在良好的引导、教育下往好的方向发展。孩子就像一棵树、一团泥土，全看你怎么浇灌他，怎么去造就他。由此我也想到家庭的全面教育是多么重要，多么应该引起重视。

小树妈妈与家长们分享

孩子们的童年基本上都是在家庭里度过的，是在父母的身边度过的。家庭的养育、父母的影响是很重要的，甚至会影响孩子的一生。在一个家庭里，父母之间的感情如何，相处怎样，是不是互相尊重，有了错误是不是主动认错，父亲不回家吃饭时是否同家里的人打招呼，母亲是不是很计较小事、很唠叨、总是抱怨，家里是否卫生，生活是否规律、有秩序，等等，这些都会影响着正在成长中的孩子。所以家庭教育的优劣，从根本上讲，关键在于父母自身的行为。也就是说，教育孩子，必先教育父母。

父母亲在养育中的不断学习，与孩子相伴着成长，不仅对自己有益，更对孩子有益。

大部分父母亲，伴随着孩子的成长，也努力地去学习新的人生知识，他们成了善解人意、乐于奉献、智慧、慈爱的人；也总有一些父母亲，他们不仅没有养育好孩子，自己的人生也一塌糊涂，他们没有为了孩子而去学习好好做人和改变自己，所以在很多事情上一知半解、心胸狭隘，甚至还认为做父母是每个人都会的。

这后一种父母亲，只是生下了孩子，却没有养育好孩子，辜负了孩子带给他们的人生成长机会。

分享食物，☆也分担责任与感情

1997年9月29日

只要你善于感受，家庭里是有许多的情趣和幸福的。

小树偏食的时候，为了让他吃一些对他身体有好处的食物，我经常采取激将法，如果要他吃青菜，我就给他盛到小盘子里，对他说："你肯定吃不下这些去。"

这种办法一开始还管用，后来小树习惯了我的这种办法，也就从中识破了我的用心，不再中计了。我有时叫他吃什么，他就会说：

"你不用诱惑我。"

他把激将表述成了诱惑，并且他还把我的办法借用了过去。有一次他让爸爸吃我给他煎的脊排，脊排不多，爸爸说不吃，他就说：

"我看你是吃饱了，没有办法吃进这块脊排了。"

爸爸明白他的意思，笑着说：

"你不用激将我。"

想不到小树却不顺着激将的话说，他用了另一种说法：

"我不是激将你，我是成全你！"

小树说得真对，爸爸经常是对比较少的好东西，心里想吃又怕小树不够吃，就忍着不吃的。他真是在成全心里很馋又不舍得吃的爸爸了。

在我们家的饭桌上，从小树懂事以后，就总是剩下那些最好吃的食物，因为大家都想让其他人多吃，而自己不肯享用。

1997年10月8日

小树的爸爸出差去了，好多地方欠了报社的订报费，他们报社里的人便分头下去要。

这几天我的颈椎病又犯了，突出的椎间盘压迫了神经，影响了脑供血，头木木晃晃的，腿拖不动，全身无力，连说话都没有力气。接连几个晚上我都没有睡好，睡着了也是不断地做噩梦。回到家里，我还得忙着给小树辅导作业、做饭。我甚至过于严重地想，如果我突然身体很不好了，不能动了或出什么问题了，我就得自己打110，或让小树打110。小树现在已经能办一些事情了。

我一个人带着小树，硬撑着，病情倒也没有再发展。只是我懒得做饭，小树的饭不得不做，我自己的就凑合着吃。今天早晨，我给小树做了面条，切了黄瓜、火腿肠，我自己就喝一碗豆奶，吃一块冷馒头。小树吃了一半面条后，发现我在吃冷馒头，就不再吃面条，非把他碗里的给我不行。他说："你吃的跟我不一样，我不吃面条了。"

我只做了一碗面条，怕小树自己吃了都不够，又来不及再做了。我就想了想说："我吃一根红肠吧。"

我找出一根红肠吃起来后，小树才继续吃起他的面条来。

1997年10月16日

中午同小树一起坐班车回家。路上小树问我："爸爸回家吃饭吧？"

我说不知道，他也许又不回家了。这些日子，小树的爸爸总是在外面应酬。

"我愿意他回家吃饭。"小树眼睛看着车窗外面说。

我感觉到他希望爸爸回家吃饭，可能是因为爸爸在家里一家人更热闹些，使家显得更完整、更像个家样，而不是总缺少些气氛。我想证明我的感觉，便问小树为什么愿意爸爸回家吃饭。

"他在家里，你就不用干很多活了。"没想到小树这样说。

我今天买了山药。回到家，小树说："要是炖山药就好了。"

"炖山药太费时间了，咱今天中午不炖了吧。"我对小树说。说完之后，我又想到如果把山药切成薄片，加上肉片、粉条，还是容易熟的。我就边告诉小树还是可以炖山药的，边快速地做了起来。

小树听了后却在另一房间里喊："别做了！别做了！"

我知道他是为了不让我忙活，才不让我做的，我还是继续做。做好山药端上后，我喊小树过来吃，小树说："不是不让你做吗？"

"我切了薄片，做得很快的，也不费事。"我让他宽心。

1997年10月19日

由于小树的爸爸经常在外面吃饭，家里的事情都要我考虑，我很累，就跟他说我也想经常在外面吃饭，不管家里的这些事情。小树的爸爸却觉得他是很应该在外面的，因为他的工作需要、重要，觉得他在外面吃饭很正当、很有道理。

我们俩在这个问题上统一不起来，说着说着就都不高兴起来。

我每天早晨早早起来，做完饭后再叫小树和他爸爸起来，中午接了小树回家，匆匆地又忙活做饭，而小树的爸爸却可以一个电话打回来，就不回家了，就不管家里有无吃的，不管孩子了。晚上，又总是我先回来，一边忙着让小树做作业一边做饭。小树的爸爸就是在家里，一般吃完饭后，也是碗筷都不收拾的。

我的身体不好，这些日子好几次都是先要歇一歇才能坚持做完饭。没有人体谅、帮助我，我还很想写作。我觉得生活真是很累、很难过。

小树的爸爸肯定也是满腹道理，平常他就总是很有道理，只是他忍着不说，回到他的房间里去抽烟。我们俩都不说话。

过了一会儿，小树走进了爸爸的房间。我听到他在对爸爸说：

“你别跟她生气了，跟她和好吧。生气也没有用。比如，你有时候打我，我就想哭，可是想想哭也没有用，就不哭了。她也不容易，你擦冰箱什么的干大活，她也整天干家里的小活……”

劝了爸爸，小树又过来劝我，对我说：

“你就当他是个牛，君子不跟牛置气嘛……”

听了小树的话，我们俩的问题虽然没有真正解决，但都觉得不应该让一个孩子这么为难，就和好了。我想如果没有孩子，不是为了孩子，是会有更多的家庭不和与夫妻离异的。

小树妈妈与家长们分享

在家庭中，父母与孩子分享着食物、关爱与亲密的情感，这是孩子成长中要学习的，它们甚至比学习认字、算术、弹钢琴、绘画等这些技能更为重要。孩子们也只有在父母身边，才能感受、学习到这些。

年轻的德谟克利特在人们都忙着挣钱的时候，把从父亲那里继承的一大笔财产，都用到了拜师求学上，他的观念是：“金钱要用来换取更有价值的真理！”

那些把幼小的孩子留在农村，然后进城打工挣钱的父母，或者早早就把孩子送去寄宿、留学的父母，都是在用牺牲孩子对安全、依赖、亲密的需要来换取小的收益。

而我们也许更应该用人生最大的收益，来换取幼小的孩子生活在父母身边、温暖的家庭里的权利。

给孩子100万，他的人生不一定幸福，而给孩子一个贫穷，但互相依偎着取暖，被人欺负了有爸爸护着、妈妈抱着的家庭，他们却能获得很多人生的坚强与喜悦。

除了分享食物，也可以让孩子分担一些家务，甚至一些家庭的困难。他们会在这些分担中，感受到生活的艰难、自己的责任，加深对父母的感情。

☆生理与心理的阶段性

1997年10月2日

儿童的生理和心理发展互相作用着，呈现出阶段性，在下一个阶段才能出现的事情，在这个阶段之前一般不会出现。就像一种叫作稗的植物，它的种子不到季节的时候，即便是淋了雨，也不会发芽。这是大自然对生物的限定。理解了这一点，大人们对孩子的要求就不会操之过急了。其实不仅是儿童，人的整个生命都是呈现为大致有序的阶段性的。

小树现在做作业不专心时，我说一说他，他就能够立时认真做了。而一年以前，他还不是这样的。记得那时候要他写作业，他坐到了桌前，总是说：

“我又想做又不想做，各占百分之五十。”

几乎每一次他都这样说，并且反复地说，说得很认真，说完了也不动手做，好像是他在两个百分之五十中间决定不下来。他这样的行为持续了好长时间。他每次做作业，我都要批评他、哄他，累得不行。我想他这是怎么了？要是这样下去他自己受不了我也受不了。但是随着时间的转换，到了这个学期，他自然地就已经不再那样了。

“小树，我想起你原来写作业时，总是说你又想做又不想做的事情来了。”我笑着对正在做作业的小树说。

“各占百分之五十。”小树也接着我的话幽默自己。我们俩都笑起来。

小树妈妈与家长们分享

父母都想拥有天才的孩子、早慧的孩子，有些人便盲目地使用胎教、早期开发等有违生命生长规律的方式，恨不得孩子几天就学会了走路，一进学校就成了优等生，甚至能像我们成人一样，你对他说一句话，他马上就领会了，并且记住了。更有甚者，8岁就能开演唱会，13岁就能上大学，25岁就成了企业家、金融家甚至科学家。

我就犯过很多这样的错误。在儿子小的时候，总是心急地埋怨他贪玩、催促他成长；在他一时改不掉小毛病的时候，缺乏耐心，一遍遍地批评他、要求他，还时常把他与其他孩子做比较。我时常说的话是："你怎么光想着玩？""你真是个不懂事的孩子呢！""你看看人家成成怎么做的……"

我这样说的时候，孩子只知道我对他不满意，却并不知道他做错了什么。他心里那小孩子的行为标准跟我是不一样的。他会回答我："我就是喜欢玩。""我又不是成成。"

所以，一个小孩子不是一天一夜就神通广大的，成长需要耐心的养育和等待。

我问一位正在进行胎教的孕妈妈，如果有一种药，能让她五个月就分娩，孩子能存活但会发育不全，她可愿意吃这种药？这位孕妈妈说如果孩子发育不全，她就不愿意吃这种药。

所以，如果我们要让孩子真正地强壮、全面地发育，让他们的人生有坚实的基础，能够走得长远，能够成为对社会有益、被社会赞赏与敬重的人，并且感受人生真正的幸福，就不要让他们速生，或者只朝一面生长，而要耐心地陪伴和等待，给予他们良好的做人的教育，甚至与他们一起学习、成长、做人。

☆向孩子认个错

1997年10月26日

这几天每个下午，小树都参加学校的腰鼓队活动，所以每天回家后做作业的时间就很少了。今天老师又布置了作文，晚上小树一直做到了11点。后来我看时间太晚了，他还有几个造句，就直接告诉了他怎么造。但是他不肯用我告诉他的句子，他犟着，自己半天又想不出满意的句子来。时间越来越晚了，他困得不行，情绪就不好，只是反复地说：

“不想做了，不想做了。”

我被他犟得心烦，就对他发火了。小树最后还是接受了我的建议造完了句子。

小树睡后，我责备了自己。我想明天我得跟小树说一下这件事情，向他认个错，道个歉。他坚持自己造句是对的，一时想不出适合的也没有关系，再晚我也应该耐心地陪伴他、帮他调节情绪，而不应该对他发火。

大人做错了的事情，更应该向孩子表示自己事后的心情。这样也会影响孩子的行为。

1997年11月3日

再聪明的孩子思维也是不健全的，大脑发育完善需要一个过程。所以，小孩子容易在一些事情上脑子转不过弯来。

今天中午，小树做完作业已到上学时间了，他突然想起还要带戏服来，老师说要他们装到一个塑料袋里，然后再贴上胶布写上班级名字。班车马上就要开了，而做完这些事情，坐班车是来不及的。我便说：

“你先去坐车吧，我装好了给你送到班车上。你让开车的叔叔等一等。如班车不等，我就给你送到学校里去。反正今天交上去就行。”

但是小树不听我的话，他说不行，坚持要看着我给他找袋子装好，而他这样做一是一点用也没有，二是肯定要赶不上班车了。我对他解释，他怎么也听不进去，就是要坚持这么做。坐不上班车就要专门去送他，要下山去坐公交或者打车，是很麻烦的。我有些着急和生气。后来我装好了，叫他快去赶班车，可班车已经走了。我生气地说：

“你看这样不是晚了吗？你迟到了好还是非要自己带着戏服好？你听不进别人的话去。我和爸爸也不去送你，看你怎么办！”

小树坐在外面的台阶上，无奈地哭了，我回到家，还是让他爸爸快去送他。但我心里还是生小树的气，我觉得他不应该不理解我让他先去坐车是较好的办法。其实在这件事情上，我也没有去理解一个孩子想按照老师的要求，一一地装好、亲自带上演出服装去学校的心理。

下午放学后，小树自己坐班车回了家。我不知道他已经回家了。我到学校去找他没有找到，又打出租车沿路找。我开始担心起来，想到小树已经大了，我以后得注意批评他的方法了，不能太影响他的情绪。有些孩子就是因为与父母产生了矛盾冲突后离家出走的。小树还不会这样，但我是得开始注意了。我细想着中午的事情，就觉得自己的生气真是不好，对小树说的话也是有问题的。在现在到处寻找小树的时候，中午的事情真是不算是事情了。我得赶快找到小树。

回家后，小树已经在门外的台阶上写起了作业。他像平日一样远远地叫了我妈妈，我的心一下子就踏实、快乐了起来。进了家门，我说：

“中午的事情别生气了，咱俩以后都不要这么急了，主要是妈妈的态度不好。”

小树说："我已经忘了。"
"真的吗？ 太好了，以后这些小事就是不要放在心上。"
我抚摸着小树的头，和小树都高兴了起来。

小树妈妈与家长们分享

现在来想，那些养育孩子中大部分的焦虑、不快，以及与孩子发生冲突的事情，都是我的过错，在匆忙的经历中，没有想到一个小孩子还没有什么理解能力、做好事情的能力。

这些过错的主要原因，是无意中用大人的标准要求了小孩子。

每想起这些事情来，我心里就会遗憾和难过，孩子真是上天赐予我们的天使，他们很快就会长大的，那些与我们在一起的日子，每一天都应该珍惜与美好地度过。

大多数的父母亲，可能都会有我这样的过错。

☆数学竞赛得第一了

1997年11月12日

放学后小树告诉我，这次的全校数学竞赛，他在班里得了第一名。以往他都是在全年级得第一的。

“那你在全年级是第几？”我问他。

“不知道，老师没说。”小树回答我。

回家后，小树又拿出了他的单元考试卷子要我签字。我看到小树的语文、数学都得了优，数学老师还给他打了优加。小树睡后，我又看了一遍他的卷子，心头涌上了一股很宁静的幸福。是的，没有什么能比眼见着一个孩子的成长进步更让母亲幸福的了，平日里无数的辛苦都无影无踪、一扫而光了，只有这宁静的幸福环绕着……

1997年11月15日

小树自己骑着小车子，跟在我们的后面去一家商城买一张小桌子，我坐在小树舅舅的摩托车上，边走边回头担心着。能自己单独骑着小车子去办事，使小树很兴奋，他骑得很快，并不停地跟我说话。他对坐在车后的我说：

“你可坐好了，别掉下来！我们班有个小女孩，排演节目时就从自行车上掉了下来，差一点摔坏了。”

他骑得歪歪扭扭的还关心着我。我坐在车上一直担心着他，路上的车辆、行人都很多，小树说话时，差一点撞到前面的一辆大人的自行车上。

我赶紧说他，要他不要再说话了。

到了商城，小树又把他的小车子同舅舅的摩托车存在了一起。他更高兴了，享受到了大人的待遇，他似乎觉得自己就已经成了大人了，就很了不得了。他放好了车子，收好了存车牌，大模大样地跟着我们去买东西了。

放手让孩子独自去做一些事情，孩子才能真正地从中获得体验、能力和成长。但是父母却总会一边放手，一边担着心。

从商城出来去取车子，路过一家小书店。

“我看看有没有数学书。”小树说完就走了进去。

我也进去跟他一起找书。孩子的兴趣与能力是互相作用的，对数学的兴趣，让小树很喜欢做一些有难度的数学题目，逐渐地他也就拥有了这方面的知识与能力，并且在数学竞赛中表现了出来。这些知识、能力又增加着他对难度更大的数学题目的兴趣。

但我们俩找了半天，也没有发现适合他的数学书。

“下个周末我们去大书店看看吧。”我告诉他。

“好，大书店肯定会有的。”小树高兴地答应着。

小树妈妈与家长们分享

幼儿时期的学习，主要是引导孩子的兴趣，发现他们的天赋，而不在于让他们掌握多少技能、取得多大的成绩。比如，有些孩子喜欢唱歌，乐感也很好，家长就可以为他们提供一些学习音乐、演唱的条件；有些男孩子喜欢机械玩具，手也灵巧，家长就可以为他们买几本能够启发创造性的图书，像《爱迪生的故事》《十万个为什么》等。

一般那些孩子感兴趣的事情，他们就会学好、做好，而能够学好、做好，也说明他们在这方面有些天赋。

小树对数学的兴趣，开始是在家里与爸爸比赛做数学题目引发的，后来参加了学校里的兴趣小组，老师夸他有天赋，他就更有兴趣了，这个兴趣一直保持到了中学、大学。大二时，他与几个同学参加一个国际数学竞赛还获了奖。

☆在孩子的床头放一本书

1997年11月21日

中午，爸爸没有在家，小树很听话。他吃饭时告诉我，他的座位今天换到第二排了。

“是不是你在第三排显得矮了？”我问他。

“不是，是我总和后面的一个同学说话。”

“你得注意点，老师讲课时是不能说话的，影响老师讲课，也影响同学们听课，你自己也得认真听课。”

“方远在第一排，在我前面。他老是回头跟我说话，我不理他。”

“你们下课时可以说说话。他上课同你说话，你就说说他，不理他也不好。你得多帮助和团结同学。”可能是我始终没有批评小树，他跟我说这些事情的时候情绪一直很轻松。

“今天我们前面的几个同学还把最后面的一个同学按在地上，叫他喊我们爷爷来。”他说了一个男同学的名字，我没有记清。

“你们怎么欺负别人？”我有些不高兴。小树一直不是这样的孩子，我对他参与的这种活动警觉起来。

“你不欺负别人，别人就会欺负你。”小树语气深长地说，他可能也被别人欺负过，所以深有体会似的。但是现在被他们欺负的却不一定是欺负过他的人，而可能是比他强壮的人欺负了他，他又与同学一起欺负着更弱的人。

中午的时间很短，我没有对小树再多说什么。

我想等空闲的时候，再好好跟他说说这件事情。

我找出了一位动物行为学家洛伦兹的《攻击与人性》放在小树的床头上，想让他读读这本书。我也把他已经看完了的《星光为什么会弯曲》《昆虫记》收了起来。几乎每一天，我都在他的床头放一本书，文学的、科学家故事的、历史故事的，还有几本哲学漫画，每天他走到床头时，都会随手拿起来就读。这么些年了，我始终坚持着这个习惯，而小树也在床头这里读了很多图书了。

这本《攻击与人性》，是研究、解释一些动物的攻击行为的。小树可以由此来了解一些生物的生存规则。在生物的世界里，普遍的生存原则是弱肉强食，但是人类的社会里有一些不同，生存应该有一些更美好的方式，如人们的互相帮助、协作，如一些共生意识，再如体力与精神力量的区别，以及互相制约与关爱……如果我们都不想生存在危机四伏、弱肉强食的环境中，我们就要去建立更好的制度与环境。

我总是有一些美好的人生、社会理想，它们影响着小树，但它们可能很不切实际。这让我的心情有些矛盾。

小树妈妈与家长们分享

在孩子的床头放一本书，很多年了，我一直这样做。每一天，小树走到床前或者晚上上床的时候，总会一眼就看到床头上有一本触手可及的书。他会不经意地拿起来，随意地翻动着，像玩一个玩具，然后突然被里面的一句话或某个画面吸引住，认真地看下去。有时候，他会被一本有趣的书吸引得非要一口气看完，知道里面的全部事情，直到我一遍遍地喊他，催他睡觉或者说看坏了眼睛，他才肯放下。

这经常变换着内容的书，几天一本，已经有数百本了。

天长日久，在床头的这个位置，小树已经读过了很多的书，文学故事的、科学家传记的、历史的、战争的、情感教育的、百科知识的，一本本的书为他打开了一个个的世界，他在里面成长壮大起来，很多能力也就不知不觉地发展了起来。

这些书慢慢地在他的生活中产生了影响。

有一些孩子不能坐下来认真读书，学习成绩也上不去。

我熟悉的几个孩子，他们都很聪明，只是由于没有在一定的年龄养成阅读的习惯，慢慢地才形成了现在的状态。

生命在一定的年龄里，是有一些大致应该做的事情的，错过了这些年龄，就很不容易弥补，甚至会影响一生。一只刚刚出壳的小鸡，如果离开了母鸡和群体，以后就再也留不下母鸡和群体的烙印。人类的孩子也是这样。很多的家长，在孩子五六岁的时候，总是让他们看电视。而电视是一种一闪而过的视觉形式，轻松但是被动，而且有大量水准很低的节目。看多了电视的孩子，都很难再喜欢主动地、一行行地去阅读文字，他们还没有进入阅读的世界，没有感受到阅读带来的丰富和喜悦，这个世界就永远地在他们面前关闭了。

阅读是能够让孩子沉静下来、随着文字的深入进行感受和思考的一种最好的方式。他开始是跟随着文字，慢慢地就能够在文字的引导下产生一些自己的见解，甚至发展到超越文字去进行更深一些的思考。一个读了很多书的孩子，视野就会宽广起来，对事物的领会能力也会增强。一个能够沉静下来的孩子，也总是能够发现一些特别的东西。没有在上学以前养成阅读习惯的孩子，如果上小学以后，也没有这样做，那么到中学以后，就很难再深入地进行阅读了。中学时期的课业紧张、沉重，没有多少时间再进行其他的阅读。

阅读还能够集中孩子的注意力。有一些看上去很聪明的孩子，却不能专心于一件事情，他们在桌子上摆着课本、习题，心里却想着别的事情，一晚上的时间过去了，却没有看进多少内容去。小树小的时候，也喜欢边做作业，边在手里玩一个折叠机器人；弹琴的时候，一会儿就想站起来；还总是想着玩电脑游戏。我就事前算一下时间，说他如果提前做完了作业，就把节省的时间加在玩游戏上。这样，他埋着头一口气就做完了，而做作业和玩游戏相加的时间却没有增多。

阅读是一个人一生很重要的一种学习方式，我们能够通过阅读不断地获得很多东西：那些陌生的地域，那些令人感动的事物，那些我们不了解的知识，那些复杂的人性，那些发现的激动和喜悦。有时候，一个人，一个情节，一句话，就能激励我们一生。

在孩子的床头放一本书，放一本经过一位满怀爱心和期望的父亲或者母亲选择过的书，天长日久，对孩子的成长一定会大有好处。

☆小“爱因斯坦”

1998 年 1 月 27 日

早饭后，不知小树在浴盆里捣鼓什么。我和他爸爸过去看了看，原来他在水池里搞“发明创造”。他在玩具车上的一个发动机尾部插上了一个小螺旋桨，然后用铜线绑在一块木板上，再用一根电线把发动机通上电，制作了一个水上交通工具。他一按电钮，这个交通工具就在水池里来回跑。

“你在哪里看到的？”我问，我想他也许是从一本书上学来的。

“是我自己发明的！”小树自豪地说，“我从汽车上找了发动机，又找了‘中山舰’上的螺旋桨就做好了。”

“真好，你真能当科学家！”我夸奖小树。我真有些吃惊小树能力的发展。前几天，他刚在作业本上的一个要求里填上了“我将来要当科学家”的志愿。他没有征求我们的意见，完全是自己的愿望。他真是个有理想，又很聪明，有发明创造思想的孩子。我不再仅仅是夸奖他，还相信他真的很非凡，以后真能行。

“你那个水上交通工具叫什么？”我问他。

“叫‘水上快艇’，不，叫‘水上慢艇’，因为它开不快。”小树有些不好意思地纠正说。

1998 年 4 月 7 日

中午吃饭时，小树突然对我说：“我以后就读物理系吧。”

“行，妈妈也想让你学物理。”我很高兴小树的想法，我也不想让小树长大了学文科。我想小树很喜欢物理，他学物理就很容易出成就，也会一生都比较安定，少受政治的影响与社会的压抑。

下午放学回家后，我给他讲了一段爱因斯坦喜欢理论物理，在专利局就开始研究以太存不存在的故事。我这一段时间正编一本《爱因斯坦与相对论》的通俗读物。

小树很喜欢听，他没有听够。

“你先做作业吧，做完作业再讲。”我合上了书。

“你考虑考虑以太是不是存在？”我问他，想听听他的直觉怎样。

他想了想说：“我认为以太不存在。”然后他很想知道自己的想法是不是对，“你往下翻，看看爱因斯坦认为以太是不是存在？”

我就打开书，往下翻，翻到了爱因斯坦认为以太是不存在的地方，读给了小树听。

他高兴地说：“你看是不是我想对了！”

“你光说不存在不行，你得通过一个可以说明不存在的实验来证明才行。”我对他说。

“我现在还不能证明，我只是想。”他有些着急。

“那你就以后再证明吧。你好好学习物理，长大了就能行。”

“你是不是想让我当个爱因斯坦？”他认真地问我。

“是的。我想让你现在就学习爱因斯坦，因为你也这么喜欢物理。要不，我就叫你小爱因斯坦吧？”

小树不好意思地笑了笑，但他没有不让我叫他。可能是他太喜欢爱因斯坦了，他愿意又不好意思让人把他叫作爱因斯坦。

1998 年4月9日

晚上，做完了作业，小树说："咱俩画导弹吧，画完后，还要说一说它的功能和杀伤力。"

我答应了，但是我对于导弹了解得太少，脑子里根本没有关于导弹这种武器的具体的想象。我只好概念化地画了一个朝着天空的正等待发射的导弹，又在天空画了一片蘑菇云。

小树却对武器一直有着非常大的兴趣，他一直喜欢画武器，这些日子也读了许多关于武器的书。他认真地画着，画得很复杂，很有内容。画完后，他向我具体解释了他的导弹的作用："这里面的每颗子弹都带着红外线，能够自己寻找目标。每颗子弹的杀伤范围是10000 平方公里，并且可以连续发射。导弹后面的这些人是陆军部队，可以跟上作战。这里是导弹基地。这是导弹发射车，它有10 米高、10 米长。"

他把导弹基地与导弹分画在两处地方，这样可以充分看清导弹的作用。

我不住地为他叫好。小树对于武器太入迷了，武器给了他一种现实中没有的而想象中却有的力量。他喜欢这种力量，这种力量在吸引着他成长。

1998 年5月8日

中午，我躺下想小睡一会儿，要不整个下午和晚上都会精力不好。

小树开始在看一本科技书，后来我听到他飞快地下了床，跑到了厨房里，然后问我："咱家有没有小苏打？ 在哪里？"

"在食盐旁边的那个玻璃瓶里。"我告诉他。

"太好了！"他高兴地说，又哧溜哧溜地来回跑。再后来我闻到了一股燃烧了什么的味道。

一中午我都没有睡着，我不时地被他哧溜哧溜的脚步声和自言自语的说话声吵醒。我睡不着，又非常困倦，也懒得起来看他到底在做什么。我又怕他点火，只好喊他，问他在干什么。

“我在制作二氧化碳灭火器。”他认真地告诉我。

我明白了，他要制作什么灭火器，那一定就是要先制造出火来，然后再使用灭火器，看是不是行。

“你别在厨房里点火啊！”我喊道。

“知道了。”做他愿意做的事情，他总是态度很好。

他继续哧溜哧溜地忙活。到我起床时，他已经上学走了。他走的时候，我听到他给我把阳台的门关上了，轻声地说了句：“二氧化碳的味道。”

我到阳台上，看到阳台上有两大滩被浇灭的“火”，灰烬在流得满处都是的一摊摊大米汤似的白色液体里浸泡着，发出一股醋酸一样的味道。这一切，大概就是他制作和使用二氧化碳灭火器的成果吧？

小树妈妈与家长们分享

有一本解释爱因斯坦相对论的漫画书，画着一个小孩子坐着时光机器，超过了光速。当他飞行回到地面时，他的弟弟已经成了一个白胡子老人。小树痴迷地研究这本漫画书，他说坐这种时光机器，就能够找到宇宙的边缘。他很喜欢爱因斯坦的相对论、超光速……

他还对雷电、流星等一些自然现象极为入迷。童年时，在他对这些天文、物理现象入迷的时候，我有时会叫他“小爱因斯坦”。

中学时期，他一直是学校里的“物理能人”，同学们有物理上的疑难题，都让他帮着做。高中毕业时，我整理他带回家的一堆资料，看到学校的操行评语里面写着："你是班里的爱因斯坦！"

喜欢物理，喜欢爱因斯坦，这是小树童年、青年时期表现出来的一个小特点。

每个孩子都会表现出他们的一个个特点，支持和鼓励他们吧，因为这是他们喜欢的。

☆第一次独自出门远行

1998年7月10日

给小树报了一个去北京的儿童夏令营，这个夏令营有看天安门升旗、参观北京大学、举办歌咏晚会等活动。

今天上午，我为他去买了一个盛放洗脸用具的塑料包和一个小钱包。这是小树第一次没有爸爸妈妈的陪同单独出门远行，虽然有老师带领和有很多同伴，但我还是很担心。我最担心的是交通安全问题，我还担心他在外面不会照料自己，在旅途中生病。似乎只有他在我的近前，我能看到、摸到他，才感觉到放心。

但是孩子总是要长大，总要有第一次离开父母的时候，让他去尝试尝试吧，离开一直依赖着的家庭环境去经历一个星期另外的生活是有好处的。

我隐藏着心里的担心和忧郁，它们使我沉默着只想多做一些事情。

也许，这也是孩子脱离父母养育的开始。

我因为面对这些必要的成长而心怀虔敬。

我感觉到小树在一天天地成长，他真的有了很多能力。有一天我带他去体育馆学游泳，我不放心地问游泳老师水有多深时，他就向我摆手说："别问了，又不是光我下去。你放心吧！"

可我就是担心："水太深了的话，如果你呛了水或小腿抽筋了怎么办？"

"你别管了。要是抽筋了，我知道怎么办，就是先吸口气，浮在水上，再用手慢慢地顺腿，就好了。"

下午，他说要自己去找爸爸。我不让他去，说过马路我不放心。他就说："你放心吧，我已经这么大了。我知道过马路先看红灯的，我又不是不知道怎么过马路！"

孩子虽然一天天地长着本领，但是在父母眼里永远还是孩子，并且习惯了去呵护他们。所以不管小树长多么大、多么有本事了，我还是愿意他在身边，不放心他自己去做什么事情。在对待孩子的一些问题上，我也许只是个被感情统治着的母亲，而不是一个理性的人。

但我还是理性一点吧，放开握在手中的线，让小树开始他的第一次独自出门远行。

小树妈妈与家长们分享

在秋天的田野里，风寒凉了，草木枯瑟了，一丛丛蒲公英的种子，便在阵风来临时，撑开它们绒绒的、透明的小伞，在阳光照耀的天空下，向四面八方飞去。这些小伞是父母给予它们的，以便它们能够越过沟沟坎坎，飞往理想的生长之地。

小树的第一次出门远行，让我想到了蒲公英种子飞翔的景象。这也是他离开父母、家庭的第一步。

孩子总要离开父母，开始他们自己生活的，所以，除了担心，父母更应该想到这是成长的必然，给予他们远行的勇气、能力与激励。

也只有在亲历着孩子远行的时候，我们才能深切地领悟古人留下来的诗句："慈母手中线，游子身上衣。临行密密缝，意恐迟迟归……"

批评、指责前，☆先听听孩子的诉说

1998年10月23日

今天是星期五，中午放学时小树被老师留下了。我到处找他，最后在老师的办公室里找到了。小树正在低声、压抑地哭着，老师让他对我说说他犯了什么错误，他都抽泣得说不出来。他哭得鼻涕都流了下来，老师给了他一张纸巾让他擦掉。

“对你妈妈说说吧，你犯了什么错误？”老师催促着。

小树在学校里一般是不会这样哭的，他一定是内心里有着极为困难的事情才会这样。我看着他的样子很心疼。我想不管怎样，我都应该先听听他的诉说，了解到底发生了什么事情之后，才能说别的。我不能因为老师把他留下了，就先批评他。孩子心里的道理有时是与成人不一样的。

小树始终没有说出来。老师最后便代他说了：“小树课间的时候和另一个同学在走廊上跑、闹，把一块玻璃撞破了。不光是损坏了公物，还有危险。”

原来是这么回事，我放下心来。虽然老师使用的是常用的批评和教育者的语言，但我认为这其实是一件很小的事情。无意的损坏并不是孩子不爱护公物，而是由于他们年龄小，还注意不到全面的事情。孩子在家里，也是经常由于手脚不慎损坏什么器具的，就是大人也有手脚不慎的时候。这样的问题关键要看是什么原因造成的。但是小树一定还想不到这些，他一定是感觉自己犯了很严重的错误。我没有接着老师说的这件事批评小树。我认为不能在这件事情上，站在老师的角度再批评他。老师又对我说："小树这一段上课听课很不认真，老是跟同学说话，有时手里还玩什么……"老师说完这些的时候，我才批评小树说他上课应该认真听老师讲课。

小树的数学老师正好也在办公室里。他也批评小树，说他做作业不认真，听课斜着身子，什么事都好像无所谓一样，也不要求上进。

老师批评小树、说着小树的一些问题的时候，我站在一边是很难受的。我很不愿意老师不看小树好的地方只说他的问题，因为小树在我眼里是可爱的孩子，他其实也代表着我形成的他，他也就是我呀！我不愿意在这些小问题上这么去看小树，去看一个本来就应该是活泼好动、不断在探索和错误中成长的孩子。但是我又不能这样表示出来，不能与老师的批评不一致，不能不顺应着老师。我甚至都不能对老师解释我的不同的认识和看法，或者是小树出现这些问题的也许是极为合理的原因。我总的还是在帮助着老师批评小树的。3个大人此刻都在以居高临下的口气对付着一个不能表示自己意志的弱小的孩子，一个被压抑在成人世界的标准里的孩子。这是一种很深刻的残酷。

我想了想还是说："小树这一段在家里也不怎么听话，做作业时也边玩边做。他这些日子眼睛有毛病，老是使劲地挤眼睛。他还有点斜视，在家里也斜着眼睛看电视。"我实事求是地说着小树的问题。

班主任老师最后问小树能不能改正。小树咬着嘴唇说："能。"今天的事对他的刺激太大了，他的"能"字，一定是从心里很深的地方说出来的。他好像又知道了一些以后不应该再那样去做的事情，只是他还不能知道不能那样去做到底是对还是错。

数学老师走过去用手摸着小树的脸说："老师相信你还是个聪明的好孩

子。”这像是对小树的宽慰了。

中午的时间不多，老师还没有回家吃饭，还有别的同学等着要批评。老师也是很不容易的。我便谢了老师，领着小树离开了学校。

回家的班车已经走了。小树饿得不行了，他提议我带他去一家美食店吃饭。我答应了他。我想小树这些日子身上的一些问题也真得引起注意了，正好趁今天老师的批评边吃饭边跟他好好谈谈。

我们点了几样可口的饭菜，边谈边吃起来。

小树今天的态度非常好，我说的话他没有像平日那样反驳，而是静静地听着。

“回家后，你给我列一个每天的表现表吧。”他对我说。

“行。就像小学生守则那样的吧，把应该做的一些重要的事都列出来，做好它。”

“今天的饭太好吃了，撑得肚子疼了。”小树吃得好，也从刚才在学校里的不知所措中完全恢复了过来。

“今天就算我请你吧。”我跟他开玩笑，我想使他轻松起来。

1998年10月30日

这两天小树突然变得懂事起来，他听话了，不再那么固执了，还主动地去做他应该做的一些事情。

孩子不懂事、不听话的时候，大人是那么生气，觉着孩子不好管理，但当孩子突然变得懂事了，规矩了，不再任性并且克制自己的顽皮了，你突然又会同情起他来，觉得孩子毕竟还小，是正在成长着的不健全人，不能用成人的标准来要求他。

小树妈妈与家长们分享

小孩子难免会受到一些批评与指责，这是家庭、社会对他们行为的规范。但是有时候，由于成人的简单、粗暴，还没有完全弄清楚事情的真相，也难免发生一些误会。所以，就像法庭判案要允许双方辩解一样，在小孩子受到他人的批评、指责时，家长也要先听听孩子的诉说。

我始终坚持着这个原则，无论孩子与谁发生了冲突，或者受到了老师的批评，都先听听他的诉说，在了解清楚了事情以后，再与孩子交流。这样能够给予孩子讲述事情原因、过程的机会，表达他做事情的理由，免得让他受到压抑与委屈。

我们成人有能力忍受一些压抑与委屈，但是一个小孩子的心灵是脆弱的，压抑与委屈容易让它们扭曲、变形。

回忆我的童年，那些曾经的伤害、压抑、委屈，似乎始终残留着，而成年后很多严重的事情，我都从容、轻松地应付过去了，甚至早已经忘记了。

我想看过《简·爱》的家长们，可能都能够理解里面的那个叫简·爱的女孩，童年失去父母、寄居在舅舅家受到的一些伤害，让她终生都渴望着温暖与关爱，甚至为此去传教，让更多的人解除孤独、委屈与心灵的痛苦。

☆我的“金属”儿子

1998年11月2日

如果说小孩子是一张白纸或一团可以由环境雕塑、规矩到各种模子里的软性的东西，那么小树就算是个特殊材料制成的了，是一块不容易雕塑和规矩到一个模子里的“金属”了。

从他有了一些小思想、小行为能力以后，总是不愿意做你让他做的事情，他想要按照自己的意愿和方式来做事情。你让他吃饭时先喝稀饭再吃菜，他总是不高兴，觉得是你让他这样做的，就是你告诉他对身体有好处，他也不愿意听你的，因为你不能证实你的说教。你让他收拾好书包然后再玩一会儿，他偏不这样做，他偏要先去玩，让书、本子都乱乱地到处是。这几天，他又开始不愿意吃我做的饭。我费心做的他曾经很愿意吃的牛肉烧面和精心配制的夹馅面包什么的，他都尝一尝就搁在那里，他只吃那些看上去好吃的早点或买来的现成食品。这些食品都含有色素或防腐剂，也没有什么特别的营养价值。但是小树就喜欢这些食品，觉得它们做得好，也好吃。

我问他学校里的事情，他现在也不愿意告诉我。

我叮嘱他什么事情，他就嫌烦。

我叫他吃饭，每一次都得叫上很多遍，都得和他生气，他才能听。

他极不愿意你规矩他。他只愿意做他愿意做的事，任着他自己自由地成长。你要想改变他一点儿，都非常艰难。

阳台上有一些他玩过的彩泥，它们能够捏成小鸡、小兔、小汽车的形状，看到它们，我想有了自己思想的小树，已经是我的难办的“金属儿子”了。

也许这是一个孩子“成为他自己”的必需的过程。

1998年11月3日

想起来，我与小树发生的大部分争执，几乎都是因为他看书看得不顾时间，听不进我的话去。我想起了我小的时候有几年其实也是这样不要命地看书。有一次，我坐在床边看书，家里正在吃饭，母亲叫我吃饭，我没有听。母亲又生气地叫我，大声地叫我，我便说我不吃饭了。我想以我的不吃饭来换取我的看书时间和自由。我当时迷在了书中，真的放不下来。后来，家里人就吃他们的饭，不再管我了。我就坐在床头，非常放松、非常快乐地一直看我的书……

小树现在也处在与我当年相同的心境中吧，我得理解他，不能光管他，呵斥他，批评他不听话。那实际上也是我在压抑他。

我的喜欢看书的“金属儿子”，也许比纯金还宝贵呢！

1998年11月6日

晚上，小树睡觉之前又让我给他讲一个故事。我答应了他。我到床上的时候，发现他已经给我在床头上摆了一个靠垫。我靠着这个垫子，很舒服地讲着故事。小树是知道生活里的一些事情应该怎么做的，并且他已经很知道关爱别人了。他在求我为他做什么事情的时候，总是表现得如此懂事。

小树妈妈与家长们分享

每个小孩子在成长中，都会有一些令父母头疼的问题，养育确实是一件需要艰辛、付出的事情，而且还需要智慧，特别是在小孩子对一些事情开始领会又一知半解的时候。

所以人们经常说：“七岁八岁狗也嫌。”

有一次，一位很喜欢小树的小学老师抚摸着他的头说：“小毛猴！”

我对照一群正在校园里奔跑的男孩子，一个个脸热得红扑扑的，还挂着些汗渍，帽子歪斜着，不时地互相嬉闹着，要是放到树上，还真像一个个小毛猴呢！

但他们是快乐的，正展现着自己的个性、探索性。

小树在童年时，有四大突出的特点：顽皮；聪明；懂感情；喜欢读书。

这四点也让他很快形成了自己的个性，就是让我感觉到的“金属”性。

很多年以后，我也许会为他的这种金属性欣慰，但当年，我也确实很为此头疼。好在我采取了理解、宽容与欣赏的心态。

☆深夜里，观看流星雨

1998年11月18日

天气突然变冷了，气温一下子降到了零下3℃。前几天还艳丽火红的后山上的红叶一夜间都干枯了、谢落了，变成了土褐色。白杨树油亮的叶子也躺满了一地。

冬天就要来临了。

晚上，据天气预报说是有流星雨，狮子星座的尘埃由于运转到离地球最近的位置上时，被地球吸引，从而落向地球，产生强烈的摩擦、燃烧的现象，形成壮观的流星雨。预报的大约时间是夜里2～4点。天气虽然非常冷，但是为了让小树亲眼看看这一奇妙的天文现象，我还是决定叫醒他。

我让小树的爸爸把表定到了1：45。但是我听到表铃声音起来后，却是11：45。这个粗枝大叶的人把表定错了。我再躺下，但是好久都睡不着了。我听到小树也醒了。小树的爸爸重新定了下表。

1：45的时候，小树起来穿上了他的棉衣、棉裤。我们都穿上了厚衣服，以抵御外面的寒冷。我们和院里的几个人一起跑到了后山的山坡上看流星雨。天空已经不时地有流星划过了，它们大致都在东南方向。我们边跑边不时地抬头看天空，生怕错过了看到的机会。小树和另外两个孩子都很兴奋，他们每看到一颗就大呼小叫着。

山上的风非常寒凉，一会儿就感觉身子被冻透了。小树他们三个孩子听说躺着仰看流星最好，就躺到了冰凉的山石上。又有几颗流星划过了天空，但是较为壮观的流星雨却始终没有出现。从我们所在的山坡上往东看，夜晚的济南一片美丽的灯火，灯火映得天空的流星都很微弱了。为了看得更清楚，再加上天气冷，我们决定还是到院子里的一个地方去。

流星很少了，几乎就没有了。但小树他们继续躺着看。我说："流星也许大部分都太小了，用肉眼看不清楚。"

有一个孩子的妈妈说："流星都是很大的，有的可能比地球还要大。"

"不会比地球大的，绝对不会有。要是比地球大，那就没法与地球的大气层产生摩擦了，就不会落向地球了。"小树听了我们的话，急忙说。他的话把我们几个大人都说住了，我们不能说他的话没有道理。

有一个叫韵洲的孩子困得就要睡去了，我的脚也冻得冰凉。我问小树冷不冷，他就是说不冷，因为他想坚持看下去。

一起看流星雨的最大的一个孩子元元冻得坚持不下去了，回家了。韵洲的妈妈也怕孩子感冒要回家了。只有小树不想回家。我们在他们走后坚持了半个小时，但天气实在太冷了，我坐在地上不时地打寒战。我最后说："我们回家吧，从阳台上也可以看到。"小树才同意回家。

我们回到家里，已经凌晨3：30了。小树又到阳台上去看，他对这些天文现象太感兴趣了。但是阳台上的视野太窄了，根本看不到广大的天空。

我感到非常饿。我想小树一定也饿了，让他吃点饭睡觉吧。我到厨房里做了一碗葱花面，打了一个鸡蛋在里面。记得老家里的人冬天的夜里干活，都是做一碗热热的面喝，既充饥又御寒。我端着这香味四溢的面，很想自己也吃几口，但想不到就因为这碗面，小树惹我生了一顿气。

当我把热热的面条端给他，满心以为他能吃下去暖和一下的时候，他却看到了里面的鸡蛋。他问我为什么要打鸡蛋，埋怨我做的口味不对。我说加上鸡蛋也很好吃的，我小时候就很喜欢吃这样的鸡蛋面。

"你喜欢吃，我就喜欢吃吗？我喜欢吃巧克力，你怎么还说你不喜欢吃？”小树追到厨房里跟我讲口味问题。我又冷又困，实在没有耐心去说服他，也不想再为他另做一碗了。我就生着气，不想管他了，上床睡觉了。我想小树要是真饿了或者是懂事的话，他应该怎么也能凑合着吃一点的，应该在这时候不讲究什么口味问题的，再说我做的这碗面怎么也不会难吃的。

我躺在床上，身上很冷，心情也很沮丧。我模模糊糊地听到小树的爸爸把睡在沙发上的小树抱上了床。

小树妈妈与家长们分享

一个孩子，如果对一些事情特别好奇、入迷，并且能够坚持下去，他就会由此进入一个领域，只要这些事情不是吸毒、偷盗或者赌博。就是那些特别迷恋网络游戏的孩子，也有一些成了使用计算机方面的高手。

所以，保护好孩子的好奇心，不要打击、扼杀了它们。

小树自小对雷电、星空、宇宙这些自然现象有着强烈的好奇心，他经常坐在大院的石阶上观看夜晚的天空，询问我各种奇怪的问题。

我总是尽可能地回答他的问题，那些我不能解答的问题，就买一些图书，让他自己去看书、寻找答案。

就是有一次，外面电闪雷鸣，他把一个大铁钉连上一根长长的细铁丝，要跑下楼去，引下天上的一个闪电来时，我阻止了他。我怕他真的引下一个还驾驭不了的大闪电来，那就麻烦了。

在冬天的黄河岸边，我看到一个六七岁的小男孩，跑到河边要摸摸刚结下的薄冰，他的母亲大声地喝退了他：“别过去，那里面有鬼！”

这位母亲不仅阻止了孩子的好奇心，还用一个并不存在的“鬼”吓退了孩子。

☆学滑冰，先学勇敢

1998 年 11 月 28 日

今天，说好了要带小树去学滑旱冰的。但什么都准备好了就要去的时候，小树又说他不想去了，因为他知道原来要一同去的一个小孩不去了。

我坚持带他去。我想到我自己经常也有这样的心情，有时候，本来说好了要去做什么事情的，但就因为一点临时发生的人员问题或天气问题，激情就一下子没有了，就不想去做了。其实你如果能不受影响地坚持去做了，结果还是会挺好的。在生活里，还是应该多培养自己不依赖客观的条件去做事情。我把我的这些心情和体验告诉了小树，说服他去。

一路上，小树还是不怎么振奋。我激励他："有妈妈跟你一起去，不就挺好嘛！到了滑冰场，咱俩比比看谁先学会吧。"

"你肯定比不过我。"小树开始投入了。

一会儿，我们就到了英雄山滑冰场。我先租了一双滑冰鞋让小树滑，我没有穿，因为我想为了安全，我得跟在他的身边。但是穿上鞋后，小树怎么也不敢站起来走，带滑轮的鞋子滑得很，他不知道应该怎么控制。

我也是第一次来滑冰场。我没有一点经验可以传授给小树。我就跑去问那些会滑的人。他们有的不愿意停下自己的事情来告诉，有的是自己会滑，但是却说不上应该怎么滑。

我只好又租了一双滑冰鞋，我想我先试一试吧，也许能试出点经验来。我穿上鞋子后，也是很困难地站立了起来，也是不敢怎么往前走，只得扶着墙。小树也像我一样地扶着墙往前走。

我必须勇敢起来，这样是不行的，我得给小树做个样子，让他以后遇到这类事情时，能够敢于去试试。我就大着胆子往前走起来。我像走路一样地坚持着在场地上走了两圈后，真的有了一些经验，鞋子稍稍地听话了，有点像滑起来的感觉了。我就拉着小树让他也试着这样走。小树走了一会儿，摔了几个跟头之后，步子比我迈得还快了。小孩子学什么就是比已经有了许多定型行为的大人快，小树很快地就基本上掌握了身体平衡的规律，跟头摔得少了，速度快了起来，再练上两次，肯定就会滑得挺像样子了。

而这时的我，知道了应该怎样去平衡、去滑行，却总是动作笨拙，想得好而做起来差，并且一个不小心，脚往前一滑，身体没有站稳，我啪唧一声摔了个重重的仰八叉。坚硬的水泥地面把我的头震得嗡嗡响，好在是屁股先着地，没有直接摔了头。我半天才挣扎着爬了起来。我的手沾满了黑灰，我的胳膊和屁股都隐隐地作疼。小树却冲着我高兴地笑。

快12点了时，我们收了场，因为下午小树还有绘画课。我们沿着人行道往家走着。小树提出要我下午一定去为他买一双滑冰鞋。看来，他已经爱上滑冰活动了。

小树妈妈与家长们分享

在与小树一起的成长中，有些事情，我们也是同学。我原来不会滑冰，不会游泳，但带小树去学，一是我也学，能够与他做个伴；二是能够为他做个样子；还有第三点是，我站在一边也是白站着，不如趁此机会自己也学几样本事。

我原来也不会弹钢琴、古筝，小时候喜欢但是家里没有条件，陪着小树去学艺，我也学了一些基本知识，能够识五线谱，弹几首简单的曲子了。

学滑冰这样的技能，是需要先学勇敢的，不然你滑不出第一步。在跟小树一起学滑冰中，我摔了无数仰八叉，有时候摔得浑身疼。但与孩子一起克服困难、学会了一件事情是很兴奋、快乐的。我接受着新事物，了解着孩子学习的进程，与孩子一起互相激励着，完成着从不会到成功的学习过程。只是有些事情，孩子很快就超过了我。

美国的一位母亲罗斯，生了九个孩子，最后活下来的只有四个。小儿子在“二战”中自愿承担一项危险的任务，死于飞机爆炸。大儿子成了肯尼迪总统，却死于谋杀。大女儿和女婿双双死于飞机失事。罗斯感慨地说：“我得到了人生中一切最好的东西，也得到了一切最坏的东西……痛苦和喜悦，这就是我的生活。”

罗斯60岁学会了滑雪，85岁的时候尝试着滑冰，健康地活到了100岁。她的人生观念是：“我相信人要对这世界有兴趣，要勇敢地去尝试，不断地成长和学习，爱坐着不动的人头脑也容易变得迟缓，而一个迟缓的头脑就会反映在身体肌肉和呆滞的表情上。这不会让别人感兴趣，自己也不会从中得到任何乐趣。”

罗斯始终对生活充满了兴趣，对家庭和孩子充满了热爱，一直支撑着一个大家族，传递着血脉与养育的传统，勇敢并且满怀喜悦地接受新事物。

我也很想成为这样的母亲呢。

☆这样的阅读很幸福

1998 年 12 月 21 日

晚上，给小树讲法国著名生物学家、化学家巴斯德到阿维尼翁，见到了昆虫学家法布尔，他们之间发生的一些趣事。我自己正读法布尔的《昆虫记》，我也想把里面的一些趣事和科学精神传染给小树。

你知道巴斯德吧？他当时已经是很有名望的大学者了，而法布尔当时虽然在实际的昆虫研究上也已经非同一般，但他名义上仍然是一位中学教师，是一位业余学者。他没有巴斯德那样的大学实验室和助手，他的实验室是自己购买的一块荒地和上面的一些瓶瓶罐罐，他的助手就是他的家人。虽然他日后写了几本科普书，在科学上的贡献也不小，但当时他们两人的地位和处境还是很不同的。

巴斯德是为了解决农民的蚕灾问题而顺便去请教法布尔的。在此之前，巴斯德甚至还没有见到过蚕茧。他对蚕一无所知。事后法布尔写道："古代的体育教头们，格斗时都是一丝不挂的。专门与蚕灾做斗争的这位'吉尼亚尔'，奔赴灾场时，也可以说是一丝不挂的。因为他对需要从灾难中救出来的昆虫一无所知。"但是法布尔的玩笑却并不是在讥笑巴斯德，他是从巴斯德身上感觉到了他们共同具有的不受旧说束缚的精神。他接着写道："巴斯德令我震惊，确切地说，他令我赞叹不已。"

法布尔以极大的热情为巴斯德提供材料，同时观察认识着巴斯德。一位伟大的学者从另一位伟大的学者身上发现和学习着某些细微的东西。只是当巴斯德因为要研究酒的加热问题而非要看法布尔的酒窖时，才使法布尔为难起来。因为他的酒窖只是一把木椅子上的一只坛子，那里面用红糖泡着一些苹果丝。

“你的酒窖？就是这个？”巴斯德不相信地问。

“是的，毫无办法，我没有别的了。”法布尔回答。

“我的酒窖对来访者的问题无可奉告，但是它雄辩地谈论着另一件事情，只是巴斯德没有听到，他忽略了。他忽略了另一种‘微生物’，而且是最可怕的一种，那就是：扼杀人们坚强意志的‘歹运’。”

我把法布尔《昆虫记》上的记述来读给小树听。我把法布尔精妙的比喻和所指都原样读了。

小树原来就知道巴斯德的。但我还是问他：“你能听懂吗？能知道法布尔所说的‘可怕的微生物’是什么吗？”

小树开心地笑了。他说他完全听懂了，每一点他都听懂了。他说：“真有趣！”

他还要我继续往下讲。但是时间太晚了，我没有答应他。我让他睡个好觉，明天再继续一起阅读。

小树躺下睡觉了，脸上溢满了刚才阅读、领会的幸福。我看着一个求知若渴的孩子，想象着人类一些科学的研究与学者的生存方式，心里也溢满了幸福。这种幸福是分享知识与感受的幸福，是看着孩子获得了精神营养的满足与幸福。

小树妈妈与家长们分享

父母们都会有这样的体会，特别是家境贫寒的那些父母，在孩子身体快速生长的时期，每天为他们提供可口的饭菜，看着他们吃下去，肚子圆起来了，就会感到满足与幸福。有时候，为了让孩子吃一顿好饭，增加一些营养，父母要动很多心思，在厨房里忙活上好半天。记得我童年时回老家过春节，老家里的人贫穷，就买一点带着骨头的猪肉，肉炒了菜，再用刀剁碎、用石臼子碾细骨头，包到饺子里给孩子吃，让他们吸收一点钙与蛋白质。

而孩子们的精神世界也需要营养，所以他们喜欢听故事，渴望读书。

真正的好书，不只能启迪他们的智慧，还能够抚慰他们的心灵，增加他们人生的信念与力量。所以他们在听故事、阅读的时候会感觉到幸福。

世界上有些好书，孩子们并不知道，有条件的家长要为他们选择与提供，甚至与他们一起阅读，一起分享，一起进入书中的情节、境界。如果没有很多的时间和精力，可以为孩子讲讲每本书的内容、大意，为他们读个开头，把他们引领进去，然后让他们自己去阅读。

那些自己文化低、读书少的父母，可以请周围读书多的人为孩子介绍一些适合的好书。

这是在哺育孩子的心灵呢，有美好、强大心灵的孩子才能成长得好。

后　　记

——等待孩子长成一棵大树

每一个孩子都是一个独特的小生命，所以对家庭教育研究来说，我们极力从孩子身心的发育中寻找一些普遍的规律，但是对于每一个家庭、每一位父母来说，他们对孩子的养育又是不能完全按照规律来机械、教条地进行的。

作为一位母亲，我在养育孩子的亲历中最深刻的体会是，父母亲是与孩子同龄并且一起成长的。

每个孩子的成长，从牵着父母亲的手学步到独自行走，再到迈开大步走到他们的前面，一路上也都是磕磕绊绊，而不是两点间的一条直线。父母亲的成长也是这样，回忆我和孩子的经历，我走过的弯路、有过的苦恼、犯下的错误，都要比孩子多，因为我是他生命的给予者、前行的引路人，他童年的生活都依赖于我。

我一直是一位虔诚但是磕磕绊绊前行的母亲。所以每当有人说我把孩子养育得这么好时，我总是回答："这是幸运！"

在我的养育记忆中，有三幅清晰、难忘的生活画面：

第一幅：孩子从医院回来，身上长满了痱子，但他的眼神里溢满了回到自己的家、回到爸爸妈妈身边的安宁与喜悦。我抱着他难过但是坚定地想，孩子身体这么虚弱，我要把他养育得强壮起来，并且养育他的心灵。

第二幅：孩子开始迈步走路了，我把他抱到大院北面的草地上，他的两手伸在胸前，兴奋地向前跑去，但是一会儿他又跑回来，扑到我的怀里，然后再离开，向远处跑去。他是在从母亲这里获得安全感与信心，转身再去探索陌生的事物。

第三幅：上学的第一天，孩子背上书包，跟在爸爸的后面走下了楼梯，我站在门口，望着他小小的身影拐过了楼角，看不见了，我又到阳台上从窗户向外看，看到他坐到爸爸的摩托车上过了马路，驶出了我的视线……眼泪涌了出来，我久久地站着不动。我想我是孩子童年的屋子啊，要留在这里，等待着他放学回家。很多年以后，我还是在这里，成了孩子的故乡。

我和孩子就是这样成长了起来，这是一个自然的过程，漫长而又匆忙。

在自然的世界里，动植物的生长都是有规律的，每一棵树木的生长都需要阳光和雨水，需要经历生根、发芽和伸展枝叶的过程。它们一年年地粗壮着，形成着年轮。我们知道，梧桐、杨树都是生长得极快的，它们几年就能有碗口粗，笼罩一片绿荫，而松树、柏树、银杏树等却要几十年甚至上百年才能这样，但它们却最终能够成为高大、粗壮、质地坚韧硬实的树木，在岁月的风雨中挺立上千年、万年。

一个小孩子也不是一天一夜就神通广大的，成长需要耐心的养育和等待。

认知心理学家罗伯特·费尔德曼在《人的终生发展》里举过一个实例：

研究人员询问3岁大的杰克天为什么会下雨，他回答说："这样花儿就可以长大了。"

再问杰克11岁的姐姐莱拉这一个问题，她回答说："是地球表面的蒸发作用形成的。"

再问杰克的表哥阿吉玛，他回答说："这是由于太阳的照射不匀，产生了空气的流动，空气的流动又形成了积雨云的关系。"阿吉玛正在读大学，是一位气象专业的学生。

所以孩子的成长，不仅需要时间来增长年龄、强壮身体，也需要在与事物的接触中逐渐地发展心灵的认知能力。

在孩子小的时候，我们带他们走路，要不时地回头等待他们，因为我们的腿比他们的长；在跟他们说话的时候，我们要弯一下身子，因为我们的身材比他们高。

早在儿子3岁的时候，我就开始领会这个问题。那时候我要上班，还要带孩子，孩子的爸爸经常出差，我有时候便不得不关上门，把儿子留在家里，然后急急地出去做事情。有一天我回来的时候，儿子认真地对我说："等我长大了，就把你关在家里，让你想我。"一个小孩子的话让我惊愕了半天，此后我在很多事情上，便都明白我是一个大人、一个母亲，而儿子只是一个需要我理解和陪伴的小孩子。

很多等待的岁月都成了过去。回忆起来45，那些等待的岁月都是一些相互陪伴、多么美好的日子！在那些日子里，不只是我给予了儿子，儿子也给予着我生命成长、变化的经历，它们让我惊奇和喜悦，让我看到了一个新生命能力的不断增长，看到了生活里临近的光明和希望。

现在同儿子在一起的机会很少了，等待儿子回家已经是一种幸福。每一次见儿子，都是他等待着我把话说完，等待着我领会他刚提到的一种新事物，等待着我过马路。甚至在我外出的时候，他都要询问我："要不要去接你？"

在生命的交替中，父母亲与孩子是相依为命、相互给予的，而等待成长，是一个有些漫长却蕴含着美好的过程，就像我们在时光中停下目光，看着花朵在微风中开放，阳光把稻谷晒得金黄一样。

我们也耐下心来，享受成长散发的诗意，等待一个孩子一天天地长成一棵大树吧。

最后让我们一起来分享美国教育家马休·黑尔·史密斯说过的一句话吧："我们的希望不在学校里，而是在家庭中，蕴含在伟大的父母之爱与精神的养育之中。"

李蔚红

2014年3月27日

出 版 人　所广一
策划编辑　殷梦昆
责任编辑　殷梦昆
版式设计　曹友廉　郝晓红
封面设计　曹友廉　吴畑钿
插图绘制　邱　南
责任校对　贾静芳
责任印制　曲凤玲

图书在版编目（CIP）数据

心灵的养育/李蔚红著．—北京：教育科学出版社，2014.7
（成长手记系列）
ISBN 978-7-5041-8800-7

Ⅰ.①心…　Ⅱ.①李…　Ⅲ.①家庭教育　Ⅳ.①G78

中国版本图书馆 CIP 数据核字（2014）第 155781 号

心灵的养育
XINLING DE YANGYU

出版发行	教育科学出版社		
社　址	北京·朝阳区安慧北里安园甲 9 号	市场部电话	010-64989009
邮　编	100101	编辑部电话	010-64989589
传　真	010-64891796	网　址	http://www.esph.com.cn
经　销	各地新华书店		
制　作	北京金奥都图文制作中心		
印　刷	北京中科印刷有限公司		
开　本	185 毫米×206 毫米　20 开	版　次	2014 年 7 月第 1 版
印　张	15.8	印　次	2014 年 7 月第 1 次印刷
字　数	260 千	定　价	32.00 元

如有印装质量问题，请到所购图书销售部门联系调换。